Beiheft zur
Zeitschrift für die gesamte Strafrechtswissenschaft

Beiträge zum VI. Deutsch-jugoslawischen Juristentreffen in Köln 1980

Strafrechtliche Referate und Diskussionsbericht über Probleme der Alkoholdelinquenz

Beiheft zur
Zeitschrift für die gesamte
Strafrechtswissenschaft

Herausgegeben von Hans-Heinrich Jescheck

1981
Walter de Gruyter · Berlin · New York

Gedruckt mit Unterstützung der Gesellschaft für Rechtsvergleichung
Redaktion: Professor Dr. Jürgen *Meyer*

CIP-Kurztitelaufnahme der Deutschen Bibliothek

Strafrechtliche Referate und Diskussionsbericht über Probleme der Alkoholdelinquenz : Beitr. zum VI. Dt.-Jugoslaw. Juristentreffen in Köln 1980 / hrsg. von Hans-Heinrich Jescheck. — Berlin ; New York : de Gruyter, 1981.
(Beiheft zur Zeitschrift für die gesamte Strafrechtswissenschaft)
ISBN 3-11-008612-3

NE: Jescheck, Hans-Heinrich [Hrsg.]; Deutsch-Jugoslawisches Juristentreffen ⟨06, 1980, Köln⟩

Printed in Germany

Satz und Druck:
Vereinigte Druckereien Chmielorz & A. W. Hayn's Erben GmbH, 1000 Berlin 44

Buchbinder:
Berliner Buchbindekunst Thomas Fuhrmann KG, 1000 Berlin 36

Inhaltsverzeichnis

Einführung

Die deutsch-jugoslawischen Kolloquien sind eine wissenschaftliche Einrichtung, die von der deutschen Gesellschaft für Rechtsvergleichung ebenso wie von ihrer jugoslawischen Schwesterorganisation seit Jahren mit großer Sorgfalt gepflegt wird. Die Treffen ausgewählter Gruppen deutscher und jugoslawischer Juristen finden in gewissen Abständen abwechselnd in beiden Ländern statt und sind zu einer festen Tradition geworden. Das Kölner Kolloquium vom Jahre 1980, das mit freundlicher Unterstützung der dortigen Rechtswissenschaftlichen Fakultät durchgeführt wurde, war die deutsche Gegeneinladung zu dem letzten Kolloquium vom Juni 1976 in Belgrad und Zagreb. Damals sind die handelsrechtlichen Referate zum Thema „Dokumentenakkreditive und Bankgarantien im internationalen Zahlungsverkehr" als Heft 77 der Arbeiten zur Rechtsvergleichung (1977), die Referate zu dem strafrechtlichen Thema „Kriminalpolitik und Strafrechtsreform in Jugoslawien und in der Bundesrepublik Deutschland" in der Zeitschrift für die gesamte Strafrechtswissenschaft, Band 89 (1977), S. 479—569, veröffentlicht worden.

Diesmal sind die zivilrechtlichen Referate des Kölner Kolloquiums bereits unter dem Titel „Tourismus und Recht" als Heft 104 der Arbeiten zur Rechtsvergleichung (1980) erschienen. Für die strafrechtlichen Referate zum Thema der Alkoholdelinquenz wurde erstmals die Form eines Beiheftes zur Zeitschrift für die gesamte Strafrechtswissenschaft gewählt. Auf deutscher Seite wird die Darstellung der juristischen Probleme durch Hans Joachim *Hirsch* in besonders dankenswerter Weise durch ein Referat aus medizinischer Sicht von Günter *Schewe* ergänzt. Die jugoslawische Seite bringt außer dem strafrechtlichen Referat von Miroslaw *Djordjević* eine für den deutschen Autoreisenden besonders aufschlußreiche Darstellung der Behandlung der Trunkenheit im Straßenverkehr nach jugoslawischem Recht von Zvonimir *Šeparović*. Die Veröffentlichung der Referate wird durch einen Diskussionsbericht von Karlheinz *Muscheler* ergänzt.

Hans-Heinrich *Jescheck*

Alkoholdelinquenz in der Bundesrepublik Deutschland*

Von Professor Dr. Hans Joachim *Hirsch*, Köln

A

Die Aufmerksamkeit der Öffentlichkeit ist im letzten Jahrzehnt stark von der Drogenszene und den durch sie hervorgerufenen menschlichen Tragödien und gesellschaftlichen Problemen beherrscht worden. Daß sich gleichzeitig als ebenfalls sehr ernste Entwicklung ein exzessiver Alkoholkonsum ausbreitet, geriet dadurch zunächst in den Hintergrund, wird jetzt aber zunehmend bewußt. Immerhin standen im Bundesland Nordrhein-Westfalen 1978 den 59 Drogen-Toten[1] nicht weniger als 944 Alkohol-Tote[2] gegenüber. Der Alkoholkonsum hat in der Gegenwart extreme Höhen erreicht. Betrug der jährliche Pro-Kopf-Verbrauch, in reinem Alkohol berechnet, im Jahre 1955 noch 5,2 l, so waren es 1968 bereits 10,3 l, und seit 1971 sind es zwischen 12 und 12,4 l[3]. Man schätzt die Zahl der Alkoholiker in der Bundesrepublik heute auf

* Referat, gehalten am 30. Mai 1980 beim VI. deutsch-jugoslawischen Juristentreffen in Köln. Herrn Assessor Georg *Küpper* habe ich für umsichtige Hilfe beim Ermitteln des vielfältigen und sehr verstreuten Materials zu danken.

[1] *W. Keup*, in: Jahrbuch zur Frage der Suchtgefahren 1980 (hrsg. von Hans-Günter *Schmidt* in Verbindung mit der Deutschen Hauptstelle gegen die Suchtgefahren), S. 64.

[2] Vgl. Pressemitteilung der Landesregierung NRW 6/1/80 vom 8. 1. 1980. Die Angaben für 1979 liegen bezüglich der Alkohol-Toten noch nicht vor. Bei den Drogen-Toten ist jedoch eine Zunahme auf 133 Todesfälle zu registrieren.

[3] Jahrbuch zur Frage der Suchtgefahren 1980, S. 53. Im Pro-Kopf-Verbrauch liegt die Bundesrepublik damit in der Welt an 6. Stelle; vgl. ebendort, S. 85 (Intern. Übersicht für 1978). Jugoslawien fällt dagegen nicht unter die ersten 15 Länder der Alkoholstatistik. Im übrigen ist die Zunahme des Alkoholkonsums nicht auf die westlichen Staaten beschränkt. In der DDR ist der Pro-Kopf-Verbrauch (in reinem Alkohol berechnet) von 3,9 l im Jahre 1955 auf 8,9 l im Jahre 1978 gestiegen (a. a. O., S. 82). In den USA löste bereits ein Pro-Kopf-Verbrauch von weniger als 10 l Aktivitäten aus, die zu dem ersten Bericht an den US-Kongreß im Jahre 1971 führten; vgl. den Hinweis in BT-Drucks. 8/922, S. 2. Bei uns ist 1979 ein weiterer Anstieg auf 12,7 l erfolgt; vgl. FAZ vom 30. 10. 1980.

1,5 Millionen[4]. Besonders besorgniserregend ist der Alkoholmißbrauch durch Jugendliche. Erhebungen zufolge trinken von den 13jährigen 24 % regelmäßig Alkohol, von den 14jährigen 42 % und von den 16jährigen bereits 53 %. Von diesen jugendlichen Alkoholkonsumenten bevorzugen ein Drittel Spirituosen[5]. Neben die Tendenz der altersmäßigen Vorverlegung des Trinkbeginns tritt ein starkes Anwachsen der Zahl jugendlicher Vieltrinker[6].

Die erhebliche Zunahme des allgemeinen Alkoholkonsums wirkt sich in einem entsprechenden Ansteigen der Alkoholdelinquenz aus. Man veranschlagt den Anteil der unter Alkoholeinfluß begangenen Taten zwischen 6 und 72 % je nach Art des Delikts und Alter des Täters[7]. Den Schwerpunkt bilden naheliegenderweise — von der Straßenverkehrsdelinquenz abgesehen — „Aggressionsdelikte", also insbesondere Tötungen, Körperverletzungen, Vergewaltigungen, Widerstandshandlungen, Hausfriedensbruch und Sachbeschädigung[8]. Bei Rückfalltätern erhöht sich der Anteil der alkoholbeeinflußten Täter auf 32 bis 84 %[9].

Zur Alkoholdelinquenz gehören auch diejenigen Fälle, in denen zwar nicht von einem exzessiven Alkoholgenuß gesprochen werden kann, bei denen aber entweder eine individuellbedingte Unverträglichkeit die gleichen Ausfallerscheinungen hervorruft oder das Ausüben einer gefährlichen Tätigkeit, insbesondere das Fahren eines Kraftfahrzeugs, schon bei geringerer Alkoholmenge zum Konflikt mit strafrechtlichen Vorschriften führt. Auch dieser Bereich der Alkoholdelinquenz ist von der allgemeinen Zunahme des Alkoholkonsums betroffen. Denn es geht dabei nicht allein darum, daß die einzelne Person *mehr* trinkt, sondern gleichfalls darum, daß ein *größerer Personenkreis* regelmäßig oder überhaupt trinkt. Das betrifft vor allem Jugendliche und Frauen[10].

[4] Jahrbuch zur Frage der Suchtgefahren 1980, S. 86.

[5] Vgl. zu diesen statistischen Angaben „Der Spiegel" 1974, Nr. 50, S. 71; siehe auch die Pressemitteilung der Landesregierung NRW 140/3/80 vom 10. 3. 1980.

[6] Vgl. Antwort der Bundesregierung auf eine große Anfrage betreffend Alkohol- und Drogenmißbrauch und Kriminalität von Kindern und Jugendlichen, BT-Drucks. 8/922, S. 3.

[7] BT-Drucks. 8/922, S. 25; *Göppinger*, Kriminologie, 4. Aufl. 1980, S. 225 f.

[8] *Gerchow*, Suchtgefahren 1971, S. 3; *Hallermann/Steigleder*, MschrKrim. 1968, 106; *Wieser*, KrimGgwfr. 1964, 45 f.

[9] BT-Drucks. 8/922, S. 25; *Göppinger* (Anm. 7), S. 227.

[10] BT-Drucks. 8/922, S. 3; *Göppinger* (Anm. 7), S. 223; siehe schon *Wurzbacher*, KrimGgwfr. 1964, 33, der sich auch näher zu den Gründen dieser Entwicklung äußert.

Neben diese unmittelbare Alkoholdelinquenz tritt die mittelbare. Ebenso wie Rauschgiftdelikte nicht nur diejenigen sind, die jemand unter Drogeneinfluß begeht, sondern gerade auch im Vorfeld liegende Verhaltensweisen Dritter, gehören in den Zusammenhang der Alkoholdelinquenz ebenfalls Verhaltensweisen anderer Personen, etwa von Gastwirten. Dabei zeigt sich schon hier ein grundlegender Unterschied zwischen Drogen- und Alkoholszene. Der Alkohol gehört im Unterschied zu den Drogen zu den in unserem Kulturkreis sozial verankerten Rauschmitteln. Der Bundesgerichtshof hat deshalb das Ausschenken und den Genuß alkoholischer Getränke treffend als sozialübliche Verhaltensweisen charakterisiert[11], wenn auch Vorschriften, wie sie früher beim Reichskammergericht bestanden, wonach die Assessoren in der „Kunst des Trinkens" bewandert sein mußten, „um dem hohen Kollegium keine Schande" zu machen[12], heute nur noch von historischem Interesse sind. Es versteht sich von selbst, daß das *Straf*recht und überhaupt die Verbotsgesetzgebung nur in geringem Maße dazu tauglich ist, den Alkoholismus als solchen einzudämmen. Es kann sich insoweit nur darum handeln, den mittelbaren Schutz von Jugendlichen und bereits Betrunkenen zu ermöglichen.

Insgesamt gesehen spielt das Strafrecht im Rahmen der Alkoholszene also nur eine punktuelle Rolle. Ihm verbleiben in der Hauptsache zwei Bereiche: Einmal die Fälle, in denen alkoholisierte Täter allgemeine Straftatbestände verwirklichen, zweitens diejenigen Sachverhalte, in denen bereits die bloße Alkoholisierung, wie insbesondere im Straßenverkehr, Gefahren für die Allgemeinheit mit sich bringt. Für die direkte Bekämpfung des Alkoholismus ist es dagegen nur von sehr begrenzter Bedeutung.

B

Betrachten wir nun im einzelnen die Behandlung der Alkoholdelinquenz durch das deutsche Strafrecht:

I. Hier geht es zunächst um die Fragen der alkoholbedingten *Schuldunfähigkeit* und *verminderten Schuldfähigkeit.* Hat der Alkoholgenuß zur Folge, daß der Täter bei der Tat unfähig war, das Unrecht der Tat einzusehen oder nach dieser Einsicht zu handeln, so liegt gemäß § 20 StGB Schuldunfähigkeit vor. Während

[11] BGHSt. 19, 152 (154); 26, 35 (38).

[12] Vgl. *Wurzbacher*, KrimGgwfr. 1964, 26 Anm. 4.

die Rechtsprechung bisher die Einordnung bei den Bewußtseinsstörungen vornimmt[13], subsumiert ein größerer Teil des Schrifttums seit Einführung des Merkmals der „krankhaften seelischen Störung" die alkoholbedingte Trunkenheit unter dieses speziellere Erfordernis[14]. Für letzteres spricht, daß die Trunkenheit mit einer toxischen Beeinträchtigung der Hirntätigkeit verbunden ist. Andererseits könnte zweifelhaft sein, ob die Einbeziehung der nur kurzzeitigen Zustände des „einfachen Rausches" nicht den Krankheitsbegriff des § 20 StGB überdehnt. Aber letztlich handelt es sich nur um eine Rubrizierungsfrage ohne unmittelbare praktische Konsequenzen[15].

1) Daß der alkoholbedingte Rausch die Schuldfähigkeit berührt, folgt aus dem *Schuldprinzip*. Der in einigen ausländischen Gesetzgebungen enthaltene Gedanke, bei einer durch Alkoholgenuß bedingten selbstverschuldeten Schuldunfähigkeit eben wegen dieses vorhergehenden Selbstverschuldens keine Schuldunfähigkeit zuzubilligen[16], hat bei uns mit Rücksicht auf die Tatbezogenheit des Schuldgrundsatzes keine Anerkennung gefunden.

Hinzuweisen ist aber darauf, daß beim Problem der strafrechtlichen Beurteilung hochgradiger Affekte teilweise die Auffassung vertreten wird, die Bejahung der Schuldunfähigkeit müsse auf die Sachverhalte beschränkt werden, in denen das affektbedingte Fehlen der Möglichkeit der Unrechtseinsicht Folge eines unabwendbaren Schicksals ist. Nur demjenigen Affekttäter, der unverschuldet in den Erregungszustand geraten war, könne Schuldunfähigkeit zugute gehalten werden[17]. Daraus sind jedoch

[13] RGSt. 64, 349 (353); BGHSt. 1, 384 (385); BGH VRS 8, 49 (51); ebenso *Krümpelmann*, ZStW 88 (1976), 16; *Maurach/Zipf*, Strafrecht, Allg. Teil, Band 1, 5. Aufl. 1977, S. 515.

[14] *Dreher/Tröndle*, StGB, 40. Aufl. 1981, § 20 Rdn. 9; *Jescheck*, Lehrbuch des Strafrechts, Allg. Teil, 3. Aufl. 1978, S. 355; *Lackner*, StGB, 13. Aufl. 1980, § 20 Anm. 2 a aa; *Rudolphi*, SK StGB, 2. Aufl. 1977, § 20 Rdn. 7.

[15] Vgl. *Lange*, LK StGB, 10. Aufl. 1978, §§ 20/21 Rdn. 23; *Schönke/Schröder/Lenckner*, StGB, 20. Aufl. 1980, § 20 Rdn. 13.

[16] § 18 dän. StGB, Art. 36 Abs. 2 griech. StGB, § 17 isländ. StGB, Art. 92 ital. StGB, § 45 norw. StGB, Art. 18 § 2 poln. StGB, § 12 Abs. 2 tschech.-slow. StGB, Art. 12 UdSSR-StGB, § 22 ung. StGB. Auch § 15 Abs. 3 DDR-StGB gehört in diese Reihe. Im deutschen Schrifttum siehe *v. Weber*, in: Festschrift für Stock, 1966, S. 73.

[17] So insbesondere *Lange*, LK, §§ 20/21 Rdn. 28 f.; *ders.*, in: Festschrift für Bockelmann, 1979, S. 261, 273 ff.; *Geilen*, in: Festschrift für Maurach,

von niemand Folgerungen für den selbstverschuldeten Rausch gezogen worden. Dem stünde de lege lata auch bereits die Existenz eines besonderen Vollrauschtatbestands (§ 323 a StGB = § 330 a a. F.) entgegen. Zudem wird man mit der herrschenden Lehre ernste Zweifel anmelden müssen, ob der von jener Ansicht bejahte Rückgriff auf ein vorangehendes Selbstverschulden noch mit dem Schuldprinzip, wie es dem deutschen Recht zugrunde liegt, in Einklang gebracht werden könnte[18]. Denn entscheidend ist nach diesem, daß der Täter bei Begehung der Tat schuldfähig gewesen ist. Wenn es hieran fehlt, geht es allein darum, ob eine noch im Zustand der Schuldfähigkeit begangene vorhergehende Handlung ihrerseits Gegenstand der strafrechtlichen Ahndung ist[19].

Zu unterscheiden ist davon die Möglichkeit, bei im Tatzeitpunkt *vorliegender*, wenn auch *geminderter* Schuldfähigkeit eine *Hinzurechnung* von im Vorbereich liegendem Selbstverschulden vorzunehmen. Das ist für die Strafzumessung selbstverständlich und auch statthaft, weil jedenfalls Schuldfähigkeit bei der Tat gegeben ist[20]. Infolgedessen bildet eine Regelung wie § 7 des Wehrstrafgesetzes nur scheinbar eine Ausnahme von dem Tatzeitpunkterfordernis. Diese Vorschrift bestimmt für die Fälle der durch selbstverschuldete Trunkenheit *geminderten* Schuldfähigkeit, daß die Trunkenheit abweichend von der allgemeinen Regelung nicht zu einer Milderung der angedrohten Strafe führen kann, wenn die Tat eine militärische Straftat ist oder in Ausübung des Dienstes begangen wird. Hierbei geht es lediglich darum, daß das ohnehin bei der Strafzumessung einzubeziehende vorherige militärisch-pflichtwidrige Sichberauschen kraft gesetzlicher Anordnung die fakultative Strafmilderungsmöglichkeit des § 21 StGB ausschließt.

1972, S. 173 ff., 192; siehe zum protrahierten Affekt auch BGHSt. 3, 194; BGH NJW 1959, 2315; BGH bei *Holtz,* MDR 1977, 458; andererseits BGHSt. 7, 325 („zweifelhaft . . ., daß mit Gesetz zu vereinigen").

[18] Näher zur h. L. *Schönke/Schröder/Lenckner,* § 20 Rdn. 15 m. w. Nachw., sowie die Begr. § 24 E 1962.

[19] Entsprechend zu den Rauschfällen ist an actio libera in causa und — falls sich das als notwendig erweisen sollte — an eine Parallelregelung zu § 323 a StGB bei protrahierten Affekten zu denken. Auf letzteres hat *H.-L. Schreiber* in seinem Referat auf dem deutsch-italienischen Strafrechtlertreffen 1980 in Turin hingewiesen.

[20] Auch *Lange,* LK, §§ 20/21 Rdn. 29, will die selbstverschuldete Trunkenheit nur strafschärfend im Rahmen des § 21 StGB berücksichtigen.

Die vorgenannten Punkte berühren das für die Rauschtatproblematik wichtige Erfordernis, daß bei der Tat überhaupt Schuldfähigkeit vorgelegen haben muß, also nicht.

2) Hinsichtlich der Kriterien, an denen sich die Rechtsprechung bei der *Feststellung von alkoholbedingter Schuldunfähigkeit und verminderter Schuldfähigkeit* orientiert, läßt sich anführen: Es wird bei Blutalkoholwerten von 3 ‰ an in aller Regel Schuldunfähigkeit angenommen[21]. Nur ausnahmsweise können bei einer über 3 ‰ liegenden Blutalkoholkonzentration die Umstände des Einzelfalles ergeben, daß Schuldunfähigkeit zu verneinen ist. Umgekehrt ist es möglich, daß auch ein erheblich niedrigerer Alkoholspiegel zur Schuldunfähigkeit des Täters genügt[22]. Die Promille-Werte machen die Prüfung der Umstände des Einzelfalles daher nicht völlig entbehrlich. Gesichtspunkte, auf die es dabei ankommen kann, sind nach der Rechtsprechung insbesondere die Alkoholverträglichkeit, die allgemeine körperliche und seelische Verfassung des Täters zur Zeit der Tat, der Grad seiner Ermüdung, die Zeit, Menge und Art der vorangegangenen Nahrungsaufnahme, die Trinkgeschwindigkeit, seine Stimmungslage, namentlich eine etwaige seelische Erregung[23].

Die Frage einer erheblich verminderten Schuldfähigkeit stellt sich für gewöhnlich ab 2 ‰ Blutalkoholkonzentration[24]. Ob ein voller Ausschluß der Schuldfähigkeit vorliegt, ist regelmäßig erst bei Blutalkoholwerten über 2,5 ‰ in Erwägung zu ziehen[25 26].

Um die Blutalkoholkonzentration im Zeitpunkt der Tat zu ermitteln, bedient sich die Rechtsprechung[27] einer Rückrechnungsmethode, die im medizinischen Referat von *Schewe* näher dargelegt wird[28].

[21] BGH GA 1974, 344; BGH GA 1977, 56; BGH VRS 28, 191; BGH bei *Holtz*, MDR 1976, 633.

[22] Vgl. OLG Düsseldorf NJW 1966, 1175; AG Alzey DAR 1973, 272.

[23] BGH VRS 23, 209; OLG Hamm NJW 1975, 702; st. Rspr.

[24] Vgl. etwa BGH VRS 17, 187; OLG Hamm VRS 41, 102; OLG Koblenz VRS 54, 429; weitere Nachw. bei *Schönke/Schröder/Lenckner*, § 20 Rdn. 17.

[25] BGH VRS 50, 358.

[26] Zu den Einzelfragen siehe das nachfolgend abgedruckte medizinische Referat von *Schewe*, S. 55 ff. Außerdem siehe *Witter*, in: *Göppinger/Witter* (Hrsg.), Handbuch der forensischen Psychiatrie II, 1972, S. 1029 ff.

[27] BGHSt. 25, 246.

[28] Im folgenden S. 45. Siehe ferner *Forster/Joachim*, Blutalkohol und Straftat, 1975, S. 73 ff.

Statistische Angaben sind nur bezüglich der alkoholbedingten Schuld*un*fähigkeit verfügbar: Im Jahre 1978 waren es ca. 10 000 Fälle, in denen wegen alkoholbedingter Schuldunfähigkeit § 20 StGB anzunehmen war. Ihnen standen ca. 450 Fälle gegenüber, in denen aus anderen Gründen die Schuldfähigkeit verneint wurde[29].

3) Von den Fällen, in denen der Alkoholgenuß zur Schuldunfähigkeit führt, werden noch diejenigen unterschieden, bei denen bereits die *Handlungsfähigkeit* entfällt[30]. Es geht darum, daß der Volltrunkene eine Rechtsgutsverletzung verursacht, ohne daß ein Willensmoment gegeben ist. Ein Beispiel wäre: Jemand ist so betrunken, daß er stürzt und dabei eine andere Person verletzt. In der Unterscheidung von Schuld- und Handlungsunfähigkeit liegt keine juristische Überspitzung[31]; denn beim tatbestandlichen Unrecht geht es nicht allein um kausale Abläufe, sondern primär um ein Verhalten des Täters: ein Tun oder — beim Unterlassungsdelikt — daß er trotz Handlungsfähigkeit etwas unterläßt. Die praktische Bedeutung besteht bekanntlich darin, daß bei Fehlen der Handlungsfähigkeit anders als bei Fehlen der Schuldfähigkeit nicht nur keine Strafe verhängt, sondern auch keine Maßregel der Besserung oder Sicherung durch den Strafrichter angeordnet werden kann. Außerdem ergeben sich Auswirkungen insbesondere auf Notwehr- und Beteiligungsfragen.

II. Wenn im Vorhergehenden vom Fehlen der Schuldfähigkeit die Rede war, so betraf dies die Schuldfähigkeit zum Zeitpunkt der Begehung der unmittelbaren Tathandlung. Es schließt nicht aus, daß gleichwohl eine Bestrafung aus dem betreffenden

[29] Im Jahre 1978 sind nach der Rechtspflegestatistik 11 353 Täter wegen Vollrauschs (§ 330 a [a. F.] = § 323 a StGB) verurteilt worden. Die Anwendung der Vorschrift hat zur Voraussetzung, daß der Täter schuldunfähig war oder zumindest die Schuldfähigkeit nicht nachgewiesen werden kann. Unter Berücksichtigung dessen, daß bei diesem Delikt alkoholbedingter Vollrausch ganz im Vordergrund steht, andererseits aber auch andere — etwa drogenbedingte — Rauschzustände einbezogen sind, wird man von einer geschätzten Zahl von 10 000 Fällen alkoholbedingter Schuldunfähigkeit ausgehen dürfen. Ihr stehen nur 474 Fälle gegenüber, in denen allgemein wegen Schuldunfähigkeit eine Verurteilung unterblieben ist. Vgl. *Statistisches Bundesamt*, Rechtspflege, Strafverfolgung 1978, S. 20, 26, 52.

[30] OLG Köln, Blutalkohol 1973, 415; *Jescheck* (Anm. 14), S. 350 f.; *Lange*, LK, §§ 20/21 Rdn. 3; *Rudolphi*, SK, § 20 Rdn. 7; *Schönke/Schröder/Lenckner*, § 20 Rdn. 1.

[31] Anders offenbar *Schewe*, Blutalkohol 1976, 94 f.

Vorsatztatbestand oder doch dem entsprechenden Fahrlässigkeitstatbestand möglich ist, wenn die Voraussetzungen der *actio libera in causa* gegeben sind. In § 12 Abs. 3 jugoslaw. StGB wird diese Rechtsfigur ausdrücklich geregelt, während unser Strafgesetzbuch sie nicht besonders erwähnt.

1) Dogmatisch hat man dabei in erster Linie die *vorsätzliche* actio libera in causa im Auge, also den Fall, daß jemand sich in einen die Schuldfähigkeit ausschließenden Rausch versetzt mit dem Vorsatz, in diesem Zustand die unmittelbare Tat — etwa eine Tötung — auszuführen. Um solche Fälle strafrechtlich zu erfassen, bedarf es keiner ausdrücklichen gesetzlichen Anordnung und auch keines Abweichens von allgemeinen dogmatischen Grundsätzen. Denn konstruktiv geht es dabei um mittelbare Täterschaft mittels eines unfrei handelnden Werkzeugs. Die Besonderheit liegt hier darin, daß sich der Täter selbst zum unfrei handelnden Werkzeug seiner eigenen Täterschaft macht[32]. Daß solche Fälle praktisch vorkommen, zeigt die höchstrichterliche Rechtsprechung, die sich verschiedentlich mit ihnen zu befassen hatte[33]. Zudem ist zu beachten, daß auch hier für den Vorsatz dolus eventualis genügt.

Es ist jedoch nicht zu verkennen, daß die vorsätzliche actio libera in causa recht selten ist[34]. Denn daß der Täter sich vor der Tat Mut angetrunken hat, bedeutet noch nicht, daß er deshalb bereits schuldunfähig geworden sein muß.

Wenn lediglich ein alkoholbedingter Zustand *geminderter* Schuld zur Tatbegehung herbeigeführt wird, ist abzustellen auf die unmittelbare Tathandlung. Dabei hat aber das vorsätzlich auf einen schuldmindernden Rausch gerichtete vorhergehende Trinken zur Folge, daß von der fakultativen Strafmilderung, die § 21 StGB bei der verminderten Schuldfähigkeit vorsieht, kein Gebrauch zu machen ist.

2) Praktisch bedeutsamer als die vorsätzliche actio libera in causa ist die *fahrlässige*. Erforderlich ist für diese aber, daß der

[32] *Jescheck* (Anm. 14), S. 362; *Lange*, LK, §§ 20/21 Rdn. 71; *Welzel*, Strafrecht, 11. Aufl. 1969, S. 156; der Sache nach auch RGSt. 22, 413 (415).

[33] Vgl. RG JW 1936, 514; BGHSt. 17, 259; 21, 381; BGH bei Dallinger MDR 1967, 725; OLG Zweibrücken DAR 1970, 105.

[34] Darauf wird auch in BGH NJW 1955, 1037 und BGH NJW 1962, 1578 hingewiesen und deshalb gesagt, daß das Vorliegen der Voraussetzungen besonders sorgfältig zu prüfen sei.

Täter, als er den Alkohol trank, die Möglichkeit voraussehen konnte, im Zustand rauschbedingter Schuldunfähigkeit ein *bestimmtes* tatbestandliches Rechtsgut zu verletzen[35]. Außerdem muß die fahrlässige Verletzung dieses Rechtsguts auch allgemein mit Strafe bedroht sein. Die beiden letztgenannten Erfordernisse führen zu einer nicht unerheblichen Begrenzung des Anwendungsbereichs der fahrlässigen actio libera in causa. Denn Fahrlässigkeit ist nach deutschem Recht nur hinsichtlich weniger Rechtsgüter pönalisiert. Neben fahrlässiger Tötung und fahrlässiger Körperverletzung ist im vorliegenden Zusammenhang nur noch an einige fahrlässige gemeingefährliche Delikte zu denken. Und auch die Voraussehbarkeit der alkoholbedingten Verletzung eines bestimmten Rechtsguts, etwa des Lebens oder der körperlichen Unversehrtheit eines anderen, muß oft verneint werden. Für denjenigen, der nach Alkoholgenuß bisher nicht zu einer Körperverletzung oder sogar Tötung tendiert hat, wird praktisch nur bei Vorliegen besonders gelagerter Umstände eine solche Möglichkeit voraussehbar sein: etwa wenn der Alkoholgenuß in einem in Streit geratenen Personenkreis stattfindet oder wenn jemand mit dem Auto unterwegs ist[36]. Es sind demnach durch fahrlässige actio libera in causa *nicht* erfaßt:

(1) Die zahlreichen Fälle, in denen der Täter nicht eine *bestimmte* Rechtsgutsverletzung voraussehen konnte;

(2) die zahlreichen Fälle, bei denen es um ein Rechtsgut geht, das nicht durch einen Fahrlässigkeits-, sondern allein durch einen Vorsatztatbestand strafrechtlich geschützt ist.

III. Diese Lücken führten dazu, daß der deutsche Gesetzgeber Anfang der dreißiger Jahre[37] einen besonderen *Tatbestand des Vollrauschs* (§ 330 a a. F. = § 323 a n. F. StGB) geschaffen hat. Danach wird mit Freiheitsstrafe bis zu fünf Jahren oder mit Geldstrafe bestraft, wer sich vorsätzlich oder fahrlässig durch alkoholische Getränke oder andere berauschende Mittel in einen Rausch versetzt, falls er in diesem Zustand eine rechtswidrige Tat begeht und ihretwegen nicht bestraft werden kann, weil er infolge des Rausches schuldunfähig war oder weil dies nicht auszu-

[35] Vgl. RGSt. 70, 85 (87 f.); BGH VRS 6, 428; 23, 212 (213); BayObLG VRS 33, 271; NJW 1969, 1583; *Schönke/Schröder/Lenckner*, § 20 Rdn. 36 (m. w. Nachw.).

[36] Vgl. dazu etwa *Rüth*, LK, 10. Aufl. 1978, § 316 Rdn. 114.

[37] Durch Gesetz vom 24. 11. 1933 (RGBl. I 995).

schließen ist. Diese Strafbestimmung geht auf den Strafgesetzentwurf von 1927 zurück[38], weshalb der Zeitpunkt ihres Inkrafttretens für die inhaltliche Würdigung ohne Bedeutung ist. Entsprechende Regelungen finden sich übrigens auch in Art. 263 schweizer. StGB und § 287 österr. StGB sowie in § 122 unseres Ordnungswidrigkeitengesetzes (OWiG).

Der Vollrauschtatbestand hat in der Praxis erhebliche Bedeutung erlangt. Im Jahre 1978 sind über 11 000 Täter aus dieser Vorschrift verurteilt worden[39]!

Die Strafbestimmung, für die es in den meisten ausländischen Strafgesetzbüchern keine Parallele gibt, hat eine Fülle von Rechtsproblemen heraufbeschworen, und zwar sowohl grundsätzlicher Art als auch in Einzelfragen. In den Kommentaren gehört sie zu den Vorschriften mit den umfangreichsten Erläuterungen und Rechtsprechungsnachweisen.

1) Die herrschende Meinung sieht in § 323 a StGB ein im vorsätzlichen oder fahrlässigen Versetzen in einen Rausch bestehendes *abstraktes Gefährdungsdelikt*, zu welchem eine in dem Rausch begangene rechtswidrige Tat als objektive Strafbarkeitsbedingung hinzukommen muß[40]. Sie orientiert sich also streng an der Wortfassung. Dementsprechend lehnt eine verbreitete Richtung auch jede Relativierung ab[41]. Andere Entscheidungen und Autoren wollen auf der Grundlage der herrschenden Meinung wenigstens als Korrektiv zulassen, daß die Gefährlichkeit widerlegt wird, insbesondere wenn der Täter besondere Vorsorge ge-

[38] § 367 E 1927.

[39] *Statistisches Bundesamt*, Rechtspflege, Strafverfolgung 1978, S. 20, 26 (zu § 330 a a. F.). Die genaue Zahl lautet 11 353.

[40] RGSt. 73, 177 (180); BGHSt. 1, 275 (277); 2, 14 (18); 6, 89; 16, 124 (125); 20, 284; *Cramer*, Der Vollrauschtatbestand als abstraktes Gefährdungsdelikt, 1962, S. 46 ff.; *ders.*, in: *Schönke/Schröder*, 20. Aufl., § 330 a Rdn. 1; *Dreher/Tröndle*, § 323 a Rdn. 1, 9; *Jescheck* (Anm. 14), S. 451; *Lackner*, StGB, § 330 a Anm. 1, 3; *ders.*, JuS 1968, 216; *Lay*, LK, 9. Aufl. 1974, § 330 a Rdn. 5, 11; *Maurach*, Strafrecht Besonderer Teil, 5. Aufl. 1969, S. 512; *Puppe*, GA 1974, 98 (115); auch § 351 E 1962, Begründung S. 536 ff.

[41] RGSt. 73, 177; BGHSt. 1, 124; 1, 275; 2, 14; 16, 124; BGH VRS 6, 428; OLG Celle MDR 1970, 162; *Blei*, Strafrecht Besonderer Teil, 11. Aufl. 1978, S. 322; *Lay*, LK, 9. Aufl., § 330 a Rdn. 9; *Lackner*, JuS 1968, 215 ff.

troffen hat, die eine Gefährdung nach menschlicher Voraussicht ausschließt[42].

Gegenüber dem herrschenden Standpunkt wird seit langem eingewandt, daß er in unhaltbarer Weise gegen das Schuldprinzip verstoße, und deshalb eine diesem Grundsatz Rechnung tragende restriktive Auslegung gefordert[43]. Ob die Vorschrift in ihrer bisherigen Wortfassung und die sich darauf stützende herrschende Ansicht eine sachgemäße Lösung darstellen, wird man sich daher etwas genauer ansehen müssen:

Außer Streit steht heute, daß die Rauschtat bei § 323 a StGB nur als objektive Strafbarkeitsbedingung verstanden werden kann[44]. Ebenfalls ist nichts dagegen vorzubringen, daß die Vorschrift als Gefährdungsdelikt gedeutet wird. Denn bei der Tatbestandshandlung geht es um das Sichberauschen, und dies kann nur unter dem Gesichtspunkt der Gefährdung der Allgemeinheit strafrechtliche Bedeutung haben. Die Frage ist jedoch, ob man, wenn auch durch die Wortfassung nahegelegt, von einem *abstrakten* Gefährdungsdelikt ausgehen darf. Nach der herrschenden Meinung soll der Strafgrund in der abstrakten Gefährlichkeit jeglichen Rausches bestehen, sich in einer mit Strafe bedrohten Handlung zu aktualisieren[45]. Um die Frage zu entscheiden, muß man sich aber den Inhalt des Verbots klarmachen, der hinter einem solchen abstrakten Gefährdungstatbestand stehen würde. Auf der Grundlage der auf die Wortfassung abstellenden herrschenden Ansicht lautet er: Es ist rechtlich verboten, sich durch alkoholische Getränke in einen Rausch zu versetzen. Man legt

[42] *Cramer*, Vollrauschtatbestand, S. 98 ff.; *ders.*, in: *Schönke/Schröder*, § 330 a Rdn. 1; und der Sache nach BGHSt. 10, 247 (251); BGH JR 1958, 28; BGH VRS 7, 309; 17, 340; OLG Köln NJW 1966, 412; BayObLG NJW 1968, 1897; OLG Celle NJW 1969, 1916.

[43] *Lange*, ZStW 59 (1940), 574 ff.; *ders.*, in: *Kohlrausch/Lange*, 43. Aufl. 1961, § 330 a Anm. III, V; *Baumann*, Allg. Teil, 8. Aufl., S. 493; *Heinitz*, JR 1957, 128, 348; *Hirsch*, LK, 9. Aufl. 1974, Vor § 51 Rdn. 189; *Jagusch*, LM StGB § 330 a Nr. 2; *Welzel* (Anm. 32), S. 474 f. Auch Arthur *Kaufmann*, JZ 1963, 425 (433), sieht einen Verstoß gegen das Schuldprinzip für gegeben an und bezeichnet die Vorschrift deshalb als „zutiefst fragwürdig".

[44] Vgl. die Nachweise in Anmerkungen 40 bis 43. Nur terminologisch abweichend *Welzel* (Anm. 32), S. 476. Überholt *H. Mayer*, ZStW 59 (1940), 283; *Bemmann*, GA 1961, 65.

[45] Vgl. RGSt. 73, 177 (181); BGHSt. 1, 124 (125); 1, 275 (277); 16, 124 (125); 20, 284 (285); *Schönke/Schröder/Cramer*, § 330 a Rdn. 1.

also ein Verbot des vorsätzlichen oder fahrlässigen Sichbetrinkens zugrunde. Ein solches Verbot ist jedoch in unserer Rechtsordnung schwerlich denkbar: schon nicht für das vorsätzliche Sichbetrinken, und erst recht nicht für das „fahrlässige". Letzteres würde heißen, daß eine rechtliche Sorgfaltspflicht besteht, Alkohol nur so behutsam zu trinken, daß kein Rauschzustand eintritt. Gerade dies zeigt, daß tatbestandlich nicht von einem so weitgefaßten Verbotsinhalt ausgegangen werden darf[46].

Auch wenn man ausnahmsweise für den Fall eine Einschränkung vornimmt, daß der Betreffende besondere Vorsorge getroffen hat, die eine Gefährdung fremder Interessen nach menschlicher Voraussicht ausschließt, so beseitigt das nicht die Bedenken. Denn diese Verlegenheitskonstruktion hat die kritisierte Voraussetzung, daß man von jenem rechtlich unmöglichen Verbotsinhalt ausgeht. Sie bedeutet, daß man abstrakt beim Tatbestand auf eine bloße Gefährlichkeitsvermutung des Sichbetrinkens abstellt, die lediglich ausnahmsweise widerlegbar sein soll[47]. Aber ganz abgesehen davon, daß eine solche Vermutung in der Luft hängt, weil die meisten Volltrunkenen gar keine Rauschtat

[46] Leider wird diese Friktion mit dem Fahrlässigkeitsbegriff auch bei der in § 351 E 1962 vorgesehenen Regelung des Vollrauschtatbestands übersehen. Ernsthaft für ein allgemeines „strafrechtliches Berauschungsverbot" jedoch *Dencker*, NJW 1980, 2160. Siehe auch *Lackner*, JuS 1968, 218; *Puppe*, GA 1974, 106 (107). Die Konsequenzen, die sich aus einer solchen Konstruktion — insbesondere aus einem Verbot des fahrlässigen Sichberauschens — ergeben würden, werden dabei indes wenig bedacht. Wollte der Gesetzgeber ein solches Verbot expressis verbis beschließen, fiele er entweder der Lächerlichkeit oder dem Vorwurf polizeistaatlicher Repression anheim. Hieße ein derartiges Verbot doch, daß ganz unabhängig von der Rauschtat weitreichende Rechtsfolgen, insbesondere des Polizeirechts, ausgelöst werden würden. Irreführend ist es, wenn *Denkker* als Alternative zu einem „allgemeinen strafrechtlichen Berauschungsverbot" das „Leitbild alter Germanen- und Burschenherrlichkeit" heraufbeschwört und von der Fehlvorstellung eines überkommenen „Rechts auf Rausch" spricht. Es geht nicht um eine positive Bewertung des Alkoholtrinkens, sondern allein darum, daß die Rechtsordnung dieses mit Rücksicht auf die Freiheit der Persönlichkeit toleriert, solange keine konkrete Gemein- oder Individualgefahr entsteht (oder keine gefahrgeneigte Tätigkeit, wie Kraftfahren, aufgenommen wird). Man kann sich des Eindrucks nicht erwehren, daß die hier kritisierte Ansicht in Wahrheit lediglich eine theoretische Hilfskonstruktion bildet, mit der man über die Schwierigkeiten des § 323 a StGB dogmatisch hinwegkommen möchte.

[47] Darauf weist bereits *Welzel* (Anm. 32), S. 474 hin.

begehen, lassen Straftatbestände für die Konstruktion einer Vermutung und deren Widerlegung keinen Raum. Wenn man meint, daß die konkrete Gemeingefährlichkeit des Rausches nicht außer Betracht bleiben kann, so muß man sie konsequent bei der Bestimmung des Verbots- und Tatbestandsinhalts berücksichtigen, womit dann auch Vorsatz oder Fahrlässigkeit sich darauf zu beziehen hätten.

Indem die herrschende Meinung bei § 323 a StGB einen nicht unrechtsindizierenden Tatbestand mit der Rauschtat als objektiver Strafbarkeitsbedingung koppelt, vertritt sie daher eine Erfolgshaftung, so daß ein Verstoß gegen das Schuldprinzip vorliegt.

Es wird die Auffassung vertreten, daß eine solche Einschränkung des Schuldprinzips aus kriminalpolitischen Gründen hingenommen werden müsse[48]. Auch könne man die Bedenken, die vom Schuldprinzip her zu erheben sind, teilweise durch die Erwägung ausräumen, daß der Täter hier das für jedermann ohne weiteres erkennbare Risiko eingehe, daß die objektive Strafbarkeitsbedingung eintreten werde. Dem ist aber entgegenzuhalten, daß die strafrechtlichen Grundprinzipien die Grenzen des sinnvollen strafrechtlichen Aufgabenbereichs abstecken. Nicht die Kriminalpolitik bestimmt, was strafrechtlich machbar ist, sondern die den Funktionsbereich des Strafrechts umgrenzenden Prinzipien markieren, wie weit die Kriminalpolitik gehen darf. Zudem entspricht es nicht der Realität, daß derjenige, der sich berauscht, damit ohne weiteres erkennbar das Risiko eingeht, daß die objektive Strafbarkeitsbedingung eintreten könnte. Andernfalls wäre es zu der Vielzahl höchstrichterlicher Entscheidungen, in denen es um die subjektive Tatseite des § 323 a StGB ging, auch gar nicht gekommen[49].

Um zu einer sachentsprechenden Auslegung und de lege ferenda zu einer verbesserten Wortfassung zu gelangen, müssen sich die Überlegungen daran orientieren, an welcher Grenze überhaupt ein Verbot des Sichberauschens einsetzen könnte. Was muß also zum willentlichen oder ungewollten Sichberauschen hinzukommen, um von einem verbotswidrigen Handeln sprechen zu können?

[48] Vgl. *Jescheck* (Anm. 14), S. 451; *Schweikert*, ZStW 70 (1958), 394 (410); siehe auch Arthur *Kaufmann*, JZ 1963, 425 (433).

[49] Kritisch zu den Ausführungen *Schweikerts* (Anm. 48) bereits *Hirsch*, Ehre und Beleidigung, 1967, S. 157 Anm. 36, sowie in: LK, 9. Aufl., Vor § 51 Rdn. 189.

Die Kritiker der herrschenden Meinung haben das Erfordernis bereits genannt, nämlich die konkrete Gemeingefährlichkeit des Rausches[50]. Es muß sich danach tatbestandlich um einen Rausch handeln, bei dem die konkrete Möglichkeit der Verwirklichung von Straftaten *irgendwelcher* Art besteht[51], oder — was allerdings nur de lege ferenda von Interesse sein könnte — um einen Rausch, bei dem die konkrete Möglichkeit der Verursachung irgendeiner Rechtsgutsverletzung gegeben ist. Erst hinsichtlich solcher Fälle hat die Rechtsordnung Anlaß, mit einer Verbotsnorm einzugreifen. Verbieten läßt sich eben nicht das Sichberauschen als solches, sondern nur das Versetzen in einen in concreto gemeingefährlichen Rausch. Damit ist dann auch Fahrlässigkeit denkbar: Sie betrifft die Fälle, in denen der Täter bei sich einen derartigen Rausch verursacht, obwohl für ihn die konkrete Möglichkeit voraussehbar ist, daß er im Rauschzustand *irgendwelche* Straftaten begehen[52] oder — so vielleicht de lege ferenda

[50] Vgl. die Nachw. in Anm. 43.

[51] OLG Celle NdsRpfl. 1950, 128; OLG Oldenburg JZ 1951, 460; *Lange*, ZStW 59 (1940), 574 (585); JZ 1951, 461; JR 1957, 242 (246); *Kohlrausch/Lange*, § 330 a Anm. III, V; *Heinitz*, JR 1957, 128, 348; *Hirsch*, LK, 9. Aufl., Vor § 51 Rdn. 189; *Jagusch*, LM StGB § 330 a Nr. 2; *Welzel* (Anm. 32), S. 474 f.

Weitergehend läßt sich dem Begriff der Gemeingefährlichkeit entnehmen, daß auch die konkrete Möglichkeit bloßer Verursachung irgendwelcher strafrechtlich geschützter Rechtsgüter ausreichen würde (siehe dazu noch S. 21).

Auch in BGHSt. 10, 247 ist im Unterschied zur überwiegenden Rspr. die Auffassung vertreten worden, daß der Vorsatz oder die Fahrlässigkeit des Täters sich darauf beziehen müsse, er könne im Rausch irgendwelche Ausschreitungen begehen. Indem es jedoch anschließend heißt, daß sich diese Voraussicht oder Voraussehbarkeit in der Regel so sehr von selbst verstehe, daß es ausdrücklicher Urteilsfeststellungen hierüber nur in Ausnahmefällen bedürfe, geht es der Sache nach aber lediglich um eine Modifizierung der h. M. dahingehend, daß eine Widerlegung der grundsätzlich von der h. M. bejahten abstrakten Gefährlichkeit hier im Ausnahmefall — bei Vorliegen besonderer, nach menschlicher Voraussicht die rauschbedingte Begehung strafbarer Handlungen hindernder Vorsorgemaßnahmen (vgl. BGHSt. 10, 247 [251]) — zugelassen wird (siehe dazu oben den Text vor Anm. 42 und *Schönke/Schröder/Cramer*, § 330 a Rdn. 1).

[52] Enger bezüglich der subjektiven Seite aber offenbar *Kohlrausch/Lange*, § 330 a Anm. V 2: „zumindest mit der Möglichkeit rechnen", und *Welzel* (Anm. 32), S. 475: „wissen, ... im Rausch zu Straftaten irgendwelcher Art zu neigen".

Der Unterschied zwischen fahrlässiger actio libera in causa und

— irgendeine Rechtsgutsverletzung verursachen könnte. Der darin liegende Sorgfaltsverstoß bildet die Untergrenze eines in Betracht kommenden verbotswidrigen und daher tatbestandsmäßigen Verhaltens. § 323 a StGB muß folglich entgegen der herrschenden Ansicht als *konkretes* Gefährdungsdelikt interpretiert werden. So erhält die Vorschrift auch einen strafrechtlichen Sinn: Nicht derjenige wird bestraft, der schicksalhaft im Rausch rechtswidrige Taten begeht, sondern nur, wer die konkrete Möglichkeit einer solchen Entwicklung hätte zumindest voraussehen müssen und können. Die Rauschtat als objektive Strafbarkeitsbedingung hat dann eine dieser Rechtsfigur entsprechende Funktion: nämlich die der *Begrenzung* der Strafbarkeit eines rechtswidrig-schuldhaften deliktischen Verhaltens[53].

Zusammenfassend ist demnach zur grundsätzlichen Problematik des § 323 a StGB festzuhalten: Die herrschende Auslegung läßt sich mit strafrechtlichen Kategorien nicht in Einklang bringen; sie beruht auf einer gefühlsmäßigen Verquickung mit der Erfolgshaftung, einem an der Verursachung des tatbestandsmäßigen Erfolges der Rauschtat orientierten Vergeltungsdenken. Strafrechtlich kann das Sichberauschen dem Betreffenden nur angelastet werden, wenn es wirklich in *concreto* gemeingefährlich ist; und diesbezüglich muß dem Schuldgedanken Genüge getan sein. § 323 a StGB ist deshalb in der geschilderten Weise restriktiv auszulegen, und de lege ferenda bedarf es einer dem Gesichtspunkt der konkreten Gemeingefahr Rechnung tragenden Neufassung.

2) Neben die vorgenannte grundsätzliche Problematik treten noch eine Reihe einzelner Komplikationen, von denen die wichtigsten hier genannt sein sollen[54].

fahrlässigem Vollrausch besteht darin, daß es bei ersterer um die Voraussehbarkeit der Verletzung eines *bestimmten* Rechtsguts (das durch einen Fahrlässigkeitstatbestand geschützt sein muß) geht, während hier Voraussehbarkeit der Verwirklichung *irgendwelcher* Straftatbestände genügt. Vgl. zu dieser Unterscheidung auch BGHSt. 10, 247 (251).

[53] Näher zu Funktion und Grenzen objektiver Strafbarkeitsbedingungen *Stratenwerth*, ZStW 71 (1959), 565; *ders.*, Strafrecht Allg. Teil I, 2. Aufl. 1976, Rdn. 187; *Hirsch*, LK, 9. Aufl., Vor § 51 Rdn. 188 ff.; *Schönke/Schröder/Stree*, 20. Aufl., Vor § 13 Rdn. 124 ff.; *Stree*, JuS 1965, 466; *Welzel* (Anm. 32), S. 58 f.; siehe auch *Jescheck* (Anm. 14), S. 450 f. (bezüglich „echter" Strafbarkeitsbedingungen).

[54] Neben den im folgenden hervorgehobenen Punkten könnten noch die Kausalitäts- und Konkurrenzfragen von Interesse sein:

Hinsichtlich der *Kausalität* des Alkoholmißbrauchs für den Eintritt

a) Einmal handelt es sich um das Problem des *rauschbedingten Irrtums*. Es betrifft die Fälle, in denen die als objektive Strafbarkeitsbedingung notwendige rechtswidrige Rauschtat rauschbedingt subjektive Tatbestandslücken aufweist. Ein Beispiel wäre, daß dem Volltrunkenen, der eine fremde Sache wegnimmt, wegen seiner Trunkenheit das Diebstahlsmerkmal der Zueignungsabsicht fehlt. Die Rechtsprechung hat hier zwischen beachtlichen und

des Rauschzustands wird von der heutigen Rspr. nicht für erforderlich angesehen, daß der Alkoholgenuß die einzige Ursache des Rausches war (BGHSt. 26, 363; abw. früher RGSt. 70, 85); das Hinzutreten der Mitursache muß nur voraussehbar gewesen sein (BGH NJW 1980, 1806). Auch wird nicht verlangt, daß der Täter in erster Linie durch die berauschenden Mittel in seiner Leistungsfähigkeit beeinträchtigt worden ist (BayObLG VRS 15, 202; OLG Celle JZ 1971, 789; KG NJW 1972, 1529). Eine persönliche Alkoholintoleranz, sei sie chronischer oder nur vorübergehender Natur (OLG Zweibrücken VRS 54, 113), betrachten die Gerichte nicht als Hinderungsgrund für die Anwendbarkeit des § 323 a StGB, weil sie lediglich die Wirkung des Alkohols verstärkt, nicht aber dessen „Verantwortlichkeit" für den Endzustand des § 20 StGB ausschließt (vgl. RGSt. 73, 11; 73, 132; RG HRR 1938, Nr. 190; BGHSt. 1, 196; 4, 73; 22, 8; BGH NJW 1967, 298). Grundsätzlich wird so auch das Zusammenwirken von Alkohol und Medikamenten beurteilt. Soweit ein Medikament die Alkoholwirkung steigert, wird in ihm ein unter § 323 a StGB fallendes berauschendes Mittel gesehen (vgl. BayObLG VRS 15, 204; OLG Düsseldorf VRS 23, 444; OLG Hamburg NJW 1967, 1522; OLG Hamm VRS 52, 194; abw. früher RGSt. 70, 85; 73, 132). Nach *Cramer* (in: *Schönke/Schröder*, § 330 a Rdn. 9, und JZ 1971, 766) sollen jedoch diejenigen Fälle ausscheiden, in denen der Alkohol nur eine untergeordnete Rolle bei der Herbeiführung der Schuldunfähigkeit gespielt hat, diese z. B. überwiegend auf mechanischer Einwirkung (etwa Schlägen und nachfolgendem Sturz, vgl. BGH NJW 1975, 2250) beruht (anders aber OLG Celle JZ 1971, 789). Näher zum Ganzen *Schönke/Schröder/Cramer*, § 330 a Rdn. 9 (m. w. Nachw.). Aus der Sicht des medizinischen Sachverständigen zu diesen Fragen *Schewe*, Blutalkohol 1976, 87.

Bezüglich der *Konkurrenzen* sind Unklarheiten darüber entstanden, wie das Zusammentreffen von § 323 a StGB und actio libera in causa zu beurteilen ist. Während bei vorsätzlicher actio libera in causa regelmäßig Subsidiarität des Vollrauschtatbestands angenommen wird, soll nach einer Auffassung bei nur fahrlässiger dagegen Idealkonkurrenz gegeben sein (vgl. BGHSt. 2, 17; *Schönke/Schröder/Cramer*, § 330 a Rdn. 31 b). Die uneinheitliche Behandlung erscheint wenig konsequent. Daß sie gleichwohl vertreten wird, hängt mit einer unzureichenden gesetzlichen Abstimmung der Strafrahmen zusammen. Für Subsidiarität auch bei fahrlässiger actio libera in causa aber mit Recht RGSt. 70, 85; OLG Hamburg VRS 21, 40; OLG Braunschweig NdsRpfl. 1954, 229 und 1962, 71; *Lay*, LK, 9. Aufl., § 330 a Rdn. 108.

unbeachtlichen Irrtümern zu unterscheiden versucht[55]. Man meinte, zwischen Fällen, in denen rauschbedingt die zum Tatbestand erforderliche Willensrichtung fehlt, und Fällen, bei denen infolge des Rauschzustands nur eine die Willensrichtung unberührt lassende Vorstellung nicht gegeben ist, differenzieren zu können. Dementsprechend hat man alle besonderen subjektiven Unrechtselemente (also etwa die Zueignungsabsicht) als unverzichtbar angesehen, dagegen den Tatbestandsvorsatz nur so weit, wie er sich nicht auf nur begleitende Merkmale bezieht. Ob der Bundesgerichtshof an dieser Differenzierung heute noch festhalten würde, erscheint indes zweifelhaft. Denn von der jetzt herrschenden Lehre wird mit Recht darauf hingewiesen, daß für den objektiven Tatbestand alle Tatbestandsmerkmale in gleicher Weise konstitutive Bedeutung haben und deshalb auch hinsichtlich des Vorsatzes keine Abstriche möglich sind[56]. Ohne vollen Vorsatz läßt sich von der Verwirklichung des tatbestandlichen Unrechts einer Vorsatztat nicht sprechen. Nur Fahrlässigkeit kann in Betracht kommen, und dies setzt die Existenz eines entsprechenden Fahrlässigkeitstatbestandes voraus. Jene Rechtsprechung verstieß daher gegen die durch das Erfordernis einer tatbestandsmäßig-rechtswidrigen Tat gezogenen Grenzen des § 323 a StGB. Eine andere Frage ist, ob auf der Grundlage, daß man den Vollrauschtatbestand sachentsprechend als konkretes gemeingefährliches Delikt begreift, de lege ferenda der Weg zu einer befriedigenderen Lösung der Fälle rauschbedingten Irrtums geebnet sein könnte. Darauf ist noch zurückzukommen.

b) Gegenwärtig besonders aktuell ist die Auslegungsproblematik des Merkmals *„Rausch“* in § 323 a StGB, die durch Fälle, in denen wegen nicht auszuschließender Schuldunfähigkeit die Bestrafung der Rauschtat verneint werden muß *(in dubio pro reo)*, entstanden ist. Der Bundesgerichtshof hat entschieden, daß der *sichere Bereich* der verminderten Schuldfähigkeit (§ 21 StGB)

[55] RGSt. 70, 159; 73, 11; RG JW 1936, 1781; BGHSt. 18, 235; BGH NJW 1953, 1442; OLG Braunschweig NdsRpfl. 1948, 112; OLG Stuttgart NJW 1964, 413; *Lackner*, § 330 a Anm. 3 b cc.

[56] *Bruns*, JZ 1964, 473 (481); *Blei* (Anm. 41), S. 322; *Dreher/Tröndle*, § 323 a Rdn. 13; *Horn*, SK, § 330 a Rdn. 12; *Lay*, LK, 9. Aufl., § 330 a Rdn. 54, 56 ff.; *Maurach* (Anm. 40), S. 514; *Schönke/Schröder/Cramer*, § 330 a Rdn. 18; *Welzel* (Anm. 32), S. 475; *Wessels*, Strafrecht Besonderer Teil I, 4. Aufl. 1979, S. 146.

überschritten sein müsse[57]. Was dies besagt, wird unterschiedlich beantwortet. Eine Auffassung geht dahin, der Täter müsse den Grad einer nachweislich („sicheren") nur verminderten Schuldfähigkeit in dem Sinne überschritten haben, daß bei jeder der als möglich in Betracht kommenden Tatvarianten, d. h. bei Zugrundelegung der nach dem Ergebnis der Beweisaufnahme niedrigstmöglichen Blutalkoholkonzentration, alkoholbedingte Schuldunfähigkeit nicht auszuschließen sei[58]. Nach einer anderen Deutung soll genügen, daß der Täter jedenfalls mit Sicherheit mindestens vermindert schuldfähig war[59]. Hinter der letztgenannten Ansicht steht die Sorge, daß anderenfalls als Folge des Satzes „in dubio pro reo" eine Strafbarkeitslücke entstehen könnte. Es handelt sich dabei vor allem um den Fall, daß dem Täter nicht zu widerlegen ist, einen Nachtrunk zu sich genommen zu haben, und daß infolgedessen für den Tatzeitpunkt eine Spannweite von Promille-Werten derart möglich ist, daß nach den höheren Werten Schuldunfähigkeit nicht ausgeschlossen werden kann, nach den niedrigeren aber nur geminderte Schuldfähigkeit in Betracht kommt. Die zweite Ansicht gelangt in solchem Fall zur Bejahung eines Rauschs im Sinne von § 323 a StGB. Im Schrifttum wird teilweise noch weitergehend vertreten, daß die Voraussetzungen des Tatbestandsmerkmals „Rausch" ganz unabhängig von Schuldfähigkeit und Schuldunfähigkeit zu bestimmen seien, weshalb diese Autoren sogar dann, wenn die Möglichkeit der vollen Schuldfähigkeit nicht auszuschließen ist, § 323 a StGB nicht schlechthin verneinen wollen[60].

In Einklang zu bringen mit der Funktion der Vorschrift ist allein die erste Auffassung. Das Gesetz, das den Tatbestand ausdrücklich als „Vollrausch" bezeichnet, meint nur solche Alkoholisierungsgrade, die in jedem Falle so hoch sind, daß eine Schuldunfähigkeit des Täters nicht ausgeschlossen werden kann. Die Vorschrift ist mit dem Zweck eingeführt worden, das Sichversetzen in einen Rausch zu bestrafen, der wegen eingetretener Schuld-

[57] BGHSt. 16, 187; 17, 333; BGH GA 1967, 281; BGH VRS 50, 45; 50, 358; ferner BayObLG JR 1980, 27; VRS 58, 207; OLG Hamm NJW 1977, 344; OLG Schleswig MDR 1977, 247; OLG Karlsruhe JR 1980, 30.

[58] OLG Karlsruhe JR 1980, 30.

[59] BayObLG VRS 58, 207 (Vorlagebeschluß); *Dencker*, NJW 1980, 2161.

[60] Vgl. *Horn*, JR 1980, 1; *ders.*, SK, § 330 a Rdn. 16; *Dreher/Tröndle*, § 323 a Rdn. 5; *Montenbruck*, GA 1978, 225 (235). Kritisch dazu *Dencker*, NJW 1980, 2161 ff.

unfähigkeit oder zumindest nicht auszuschließender Schuldunfähigkeit bereits eine Gemeingefahr darstellt. Die Bemühungen um eine extensive Auslegung sind beeinflußt von der irrigen Vorstellung, § 323 a StGB sei „eine Auffangstrafdrohung, die immer dann gelten soll, wenn der Betrunkene wegen der im Rausch begangenen Tat nicht aus der hierfür geltenden Strafvorschrift bestraft werden kann“[61]. Davon kann nach geltendem Recht jedoch keine Rede sein. Der Vollrauschtatbestand ist ein unter dem Blickwinkel der Gemeingefährlichkeit des Rausches selbständig konzipiertes Delikt, und dessen Voraussetzungen müssen erfüllt sein. Daß § 323 a StGB selbst nach der weitestgehenden Auslegung kein umfassender Auffangtatbestand ist, zeigt sich daran, daß auch sie infolge des doppelten Eingreifens des Satzes „in dubio pro reo“ einen Freispruch in Kauf nehmen muß, wenn nicht einmal eindeutig zu klären ist, ob der Täter die fragliche Alkoholmenge bereits vor der Tat getrunken hatte. In Wahrheit verbirgt sich hinter der Auffassung, daß die Anforderungen an das Rauscherfordernis herabzusetzen seien, das Bemühen, die zwischen der unmittelbaren Tat und § 323 a StGB nach allgemeinen Grundsätzen nicht mögliche Wahlfeststellung durch eine Verkürzung der Tatbestandserfordernisse zu unterlaufen[62].

c) Die Problematik des geltenden § 323 a StGB zeigt sich schließlich auch, wenn ein Rausch so intensiv ist, daß er nicht erst die Schuldfähigkeit berührt, sondern bereits die *Handlungsfähigkeit* beseitigt. Erinnern wir uns hierzu des schon bei der Erörterung der Schuldunfähigkeit erwähnten Beispiels, daß ein Volltrunkener stürzt und dabei einen anderen Menschen verletzt. Die Vorschrift ist in solchem Fall nicht anwendbar, weil sie als objektive Strafbarkeitsbedingung eine im Rausch begangene tatbestandsmäßig-rechtswidrige Handlung verlangt[63]. Dem läßt

[61] BGHSt. 9, 390 (398); BayObLG VRS 58, 207 (209).

[62] Die Möglichkeit einer Wahlfeststellung zwischen § 323 a StGB und der Rauschtat wird in st. Rspr. abgelehnt; vgl. BGHSt. 1, 275; 1, 327; (GrS) 9, 390; BayObLG JR 1980, 27; OLG Karlsruhe JR 1980, 30. Zust. *Schönke/Schröder/Cramer*, § 330 a Rdn. 28; dagegen aber *Lay*, LK, 9. Aufl., § 330 a Rdn. 112; *Welzel* (Anm. 32), S. 476.

[63] Vgl. RGSt. 69, 189 (191); BGHSt. 1, 124 (126 f.); BGH JR 1980, 32; BayObLG NJW 1974, 1520 (1522); OLG Hamm NJW 1975, 2252 (2253); *Dreher/Tröndle*, § 323 a Rdn. 11; *Lackner*, § 330 a Anm. 3 b; *Lay*, LK 9. Aufl., § 330 a Rdn. 39. Weitergehend im juristischen Schrifttum früher *Cramer*, Vollrauschtatbestand als abstraktes Gefährdungsdelikt, S. 122, der dagegen jetzt darauf hinweist, daß lediglich Sachverhalte mög-

sich nicht entgegenhalten, hieran zeige sich die Verfehltheit der allgemein von der Strafrechtswissenschaft zugrunde gelegten Auffassung, daß für eine Handlung nicht die Ursächlichkeit allein genügt[64]. Ganz abgesehen davon, daß das Strafrecht die Täter wegen ihres Verhaltens — eines Tuns oder Unterlassens — und nicht wegen bloßer Kausalverläufe zur Rechenschaft zieht, wird kein Strafrechtler ausgerechnet wegen § 323 a StGB gesicherte wissenschaftliche Erkenntnisse seines Faches preisgeben wollen. Es kann nur darum gehen, ob die Vorschrift sachwidrig einen zu engen Anwendungsbereich hat und deshalb insoweit reformbedürftig ist. Betrachtet man sie, wie es ihrer Entstehungsgeschichte entspricht, ganz vom Blickpunkt der wegen (nicht ausschließbarer) Schuldunfähigkeit des Täters straflosen Rauschtat her, wird man bei der objektiven Strafbarkeitsbedingung im Vorliegen eines tatbestandsmäßig-rechtswidrigen Verhaltens das Entscheidende sehen wollen. Trägt man dagegen stärker der Tatsache Rechnung, daß es sich um ein gemeingefährliches Delikt — nämlich die Bestrafung eines konkret gemeingefährlichen Sichberauschens — handelt, so ist als objektive Strafbarkeitsbedingung ebenso die nur objektive Verletzung bestimmter wichtiger Rechtsgüter (Leben, Leib, Freiheit, Eigentum) angezeigt. Es würde sich daher de lege ferenda anbieten, beides alternativ als objektive Strafbarkeitsbedingungen vorzusehen. Damit würde auch die erwähnte Problematik des rauschbedingten Irrtums entschärft werden.

3) Die nähere Betrachtung von § 323 a StGB zwingt nach alledem zu der abschließenden Feststellung, daß die Vorschrift bisher unbefriedigend formuliert ist und ausländischen Gesetzgebern daher die Übernahme der derzeitigen Fassung nicht empfohlen werden kann. Auf der anderen Seite bestätigt die Praxis, daß ein Bedürfnis für eine Strafvorschrift besteht, die nicht auf die engen Voraussetzungen der actio libera in causa beschränkt ist. Sie muß jedoch die Grenzen des strafrechtlich Möglichen einhalten und folgerichtig durchkonstruiert sein.

IV. Von großer praktischer Bedeutung ist naturgemäß die Alkoholproblematik für den *Straßenverkehr*. Im Jahre 1978 ha-

lich sind, in denen ein tatbestandsmäßiges fahrlässiges Verhalten (z. B. nach § 230 StGB) darin gesehen werden kann, daß sich der Täter im Zustand mangelnder Körperbeherrschung in eine Situation begeben hat, in der er wegen Mangels voraussehbar gefährlich für das Rechtsgut werden konnte (vgl. *Schönke/Schröder/Cramer*, § 330 a Rdn. 14).

64 Anders *Schewe*, Blutalkohol 1976, 94 f.

ben sich nicht weniger als 50 000 Verkehrsunfälle mit Personenschäden ereignet, bei denen nachweislich Alkoholeinfluß der Täter eine Rolle gespielt hat[65]. Während der Anteil der Alkoholunfälle an der Gesamtheit der Straßenverkehrsunfälle bei 12 % lag, war der Anteil an Verkehrsunfällen mit Toten oder Schwerverletzten nahezu doppelt so hoch[66]. Auch bei dem Delikt des Unerlaubten Entfernens vom Unfallort spielt die Alkoholisierung der Fahrer eine erhebliche Rolle[67]. Die Gesamtzahl der 1978 wegen im Straßenverkehr begangener Trunkenheitstaten Verurteilten betrug nicht weniger als 181 000[68].

Die *Gefahren*, die der erhöhte Genuß von Alkohol im Straßenverkehr für die Rechtsgüter anderer mit sich bringt, werden in der deutschen Gesetzgebung in drei abgestuften Vorschriften berücksichtigt: im Tatbestand der Gefährdung des Straßenverkehrs (§ 315 c Nr. 1 a StGB), im Tatbestand der Trunkenheit im Verkehr (§ 316 StGB) und in der Ordnungswidrigkeit des Verstoßes gegen die 0,8 ‰-Grenze (§ 24 a Straßenverkehrsgesetz [StVG]).

1) Betrachten wir zunächst die beiden *strafrechtlichen Vorschriften:* Nach § 315 c Nr. 1 a StGB, einem konkreten Gefährdungsdelikt, wird bestraft, wer im Straßenverkehr ein Fahrzeug führt, obwohl er infolge des Genusses alkoholischer Getränke oder anderer berauschender Mittel nicht in der Lage ist, das Fahrzeug sicher zu führen, und dadurch Leib oder Leben eines anderen oder fremde Sachen von bedeutendem Wert gefährdet. Der Tatbestand, zu dem noch eine Parallelregelung für den Bahn-, Schiffs- und Luftverkehr in § 315 a Nr. 1 StGB besteht, kann vorsätzlich oder fahrlässig erfüllt werden. Auch der Versuch ist pönalisiert. Praktisch bedeutsamer ist § 316 StGB, der im Unterschied zu § 315 c StGB nicht verlangt, daß Leib oder Leben eines anderen oder fremde Sachen gefährdet worden sind. Es handelt sich also um ein abstraktes Gefährdungsdelikt. Auch

[65] *Statistisches Bundesamt,* Straßenverkehrsunfälle 1978, S. 9.

[66] Die genauen Zahlen lauten: Anteil an der Gesamtheit der Straßenverkehrsunfälle 11,97 %, an Verkehrsunfällen mit Schwerverletzten 23,67 %, mit Getöteten 22,52 %; vgl. *Bundesanstalt für Straßenwesen,* Alkohol und Fahren, 1979, S. 9, 12.

[67] *Staak/Mittmeyer,* Blutalkohol 1973, 310 (311); *Brettel/Gerchow/Großpietzsch,* Blutalkohol 1973, 139.

[68] *Statistisches Bundesamt,* Rechtspflege, Strafverfolgung 1978, S. 28 (181 070 Verurteilungen).

hier sind die vorsätzliche und die fahrlässige Begehung pönalisiert. Während bei § 315 c StGB die Strafdrohung der Vorsatztat Freiheitsstrafe bis zu 5 Jahren oder Geldstrafe, die der Fahrlässigkeitstat Freiheitsstrafe bis zu 2 Jahren oder Geldstrafe beträgt, droht § 316 StGB für die vorsätzliche und auch die fahrlässige Begehung Freiheitsstrafe bis zu 1 Jahr oder Geldstrafe an. Im übrigen ist § 316 StGB gegenüber § 315 c StGB subsidiär[69].

Im Mittelpunkt dieser Strafbestimmungen steht der Begriff der *Fahruntüchtigkeit*, wie er im Gesetz mit den Worten „infolge des Genusses alkoholischer Getränke oder anderer berauschender Mittel nicht in der Lage“ sein, „das Fahrzeug sicher zu führen“, verwandt wird. Die Rechtsprechung, die zunächst verlangte, daß für den einzelnen Fall die Fahruntüchtigkeit individuell aufgrund konkreter Beweisanzeichen nachgewiesen wurde[70], ging Anfang der fünfziger Jahre zur Unterscheidung von absoluter und relativer Fahruntüchtigkeit über. Der Bundesgerichtshof[71] entschied, daß jeder Kraftfahrer bei einem Blutalkoholgehalt von mehr als 1,5 ‰ mit Sicherheit (absolut) als fahruntüchtig anzusehen sei, weshalb es — auch bei an Alkohol gewöhnten Kraftfahrern[72] — auf sonstige Beweisanzeichen nicht ankomme. Unter dem Eindruck zwischenzeitlich gewonnener wissenschaftlicher Erkenntnisse hat er die Grenze Mitte der sechziger Jahre auf 1,3 ‰ vorverlegt[73]. Diese Judikatur hat angesichts ihrer auf gesicherte medizinische Erfahrung gestützten Grundlage allgemein Zustimmung gefunden[74].

[69] Zur Entstehungsgeschichte der beiden Bestimmungen ist zu bemerken: § 315 c Abs. 1 Nr. 1 a wurde durch das 1. Gesetz zur Sicherung des Straßenverkehrs vom 19. 12. 1952 (BGBl. I 832) zunächst als § 315 a Abs. 1 Nr. 2 in das Strafgesetzbuch eingeführt. Dieser beruhte auf den §§ 2, 71 StVZO sowie §§ 1, 49 StVO. Durch das 2. Gesetz zur Sicherung des Straßenverkehrs vom 26. 11. 1964 (BGBl. I 921) wurden die §§ 315 ff. StGB systematisch neu geordnet und um den Tatbestand des § 316 StGB ergänzt.

[70] OLG Bremen VRS 4, 220; OLG Hamburg DAR 1952, 187; zur Rechtsprechung des Reichsgerichts siehe *Werner*, LK, 8. Aufl. 1958, § 315 a (a. F.) Anm. V 2 (m. w. Nachw.).

[71] BGHSt. 5, 168.

[72] BGHSt. 10, 266.

[73] BGHSt. 21, 157 im Anschluß an ein Gutachten des Bundesgesundheitsamtes (*Lundt/Jahn*, Gutachten zur Frage „Alkohol bei Verkehrsstraftaten“, 1966).

[74] *Dreher/Tröndle*, § 316 Rdn. 6 f.; *Horn*, SK, § 316 Rdn. 16 ff.; *Schönke/Schröder/Cramer*, § 315 c Rdn. 8 ff.

Soweit der für die absolute Fahruntüchtigkeit erforderliche Promille-Wert nicht erreicht ist, bleibt es bei der Notwendigkeit, die alkoholbedingte Fahruntüchtigkeit — hier also die relative — für den Einzelfall nachzuweisen.

In einer weiteren Entscheidung ist ausgesprochen worden, daß es für die Feststellung der auf 1,3 ‰ angesetzten absoluten Fahruntüchtigkeit nicht notwendig ist, daß eine solche Blutalkoholkonzentration bereits bestand, sondern daß es genügt, wenn der Täter eine Alkoholmenge im Körper hat, die zu einer solchen Blutalkoholkonzentration führt[75]. Diese Entscheidung hängt mit den Beweisproblemen zusammen, die in der Praxis durch die Einlassung, man habe einen „Schluß-Sturztrunk" zu sich genommen, im Hinblick auf die Rückrechnung entstehen[76].

Hinsichtlich der relativen Fahruntüchtigkeit bleibt noch zu bemerken, daß der Bundesgerichtshof[77] sie unter Umständen, insbesondere bei einer Nachtfahrt nach vorherigem Alkoholgenuß, schon bei 0,3 ‰ als möglich ansieht.

Im übrigen ist zu beachten, daß die Feststellung der Blutalkoholkonzentration nur ein Beweismittel für den Nachweis der alkoholbedingten Fahruntüchtigkeit ist. Auf die Feststellung des Promille-Wertes kommt es daher nicht an, wenn der Alkoholeinfluß und die aus ihm resultierende Fahruntüchtigkeit anhand anderer Beweismöglichkeiten, beispielsweise das Fahrverhalten nach vorherigem Wirtshausbesuch, nachgewiesen werden können[78].

Nach der Rechtspflegestatistik sind 1978 aus § 315 c Nr. 1 a StGB 34 000 Verkehrsteilnehmer verurteilt worden, aus § 316 StGB fast 121 000[79].

2) Von erheblicher praktischer Bedeutung ist ebenfalls *§ 24 a StVG*, eine Vorschrift des Ordnungswidrigkeitenrechts, also eines in Deutschland verselbständigten und unterhalb des Strafrechts angesiedelten Rechtsgebiets. Die seit 1973 bestehende Regelung

[75] BGHSt. 25, 246 (in Fortbildung von BGHSt. 24, 200).

[76] Näher dazu *Heifer*, Blutalkohol 1970, 383 ff.; außerdem das medizinische Referat von *Schewe* unten S. 51 ff.

[77] BGHSt. 13, 83 (91); BGH 4 StR 55/61 bei *Gerchow/Heberle*, Alkohol-Alkoholismus-Lexikon, 1980, S. 108.

[78] Vgl. OLG Koblenz, Blutalkohol 1976, 284.

[79] Die genauen Zahlen lauten: 34 293 bzw. 120 505; vgl. *Statistisches Bundesamt*, Rechtspflege, Strafverfolgung 1978, S. 26.

bestimmt, daß ordnungswidrig handelt, wer im Straßenverkehr ein Kraftfahrzeug führt, obwohl er 0,8 ‰ oder mehr Alkohol im Blut oder eine Alkoholmenge im Körper hat, die zu einer solchen Blutalkoholkonzentration führt. Es geht hier also um ein zweites abstraktes Gefährdungsdelikt. Bei ihm wird die Grenze der erfaßten abstrakten Gefährdung weiter vorverlegt. Die Tat kann vorsätzlich oder auch fahrlässig begangen werden. Als Rechtsfolge ist eine Geldbuße bis zu 3000 DM angedroht.

Überraschend ist auf den ersten Blick, daß Fälle, in denen eine Ordnungswidrigkeit nach § 24 a StVG geahndet wird, nicht so häufig sind wie Verurteilungen aus § 316 StGB. Es waren im Jahr 1978 ca. 37 400[80], während die nach § 316 StGB mehr als das Dreifache ausmachten. Der Zahlenunterschied liegt wahrscheinlich an einer höheren Dunkelziffer bei den 0,8 ‰-Fällen und daran, daß der Bereich zwischen 0,8 ‰ und 1,3 ‰ beim Trinken schnell überschritten wird.

Die Einführung der 0,8 ‰-Grenze beruht auf einer Empfehlung des Bundesgesundheitsamts. Wie es in dessen Gutachten hieß, zielt eine solche Regelung darauf ab, die Verbotsgrenze nicht erst dort festzusetzen, wo „Fahruntüchtigkeit" bei *allen* Kraftfahrern gegeben ist, sondern schon dort, wo bei der *Mehrheit* der Kraftfahrer eine Gefährdung anderer im Straßenverkehr zu befürchten ist[81]. Ausgehend von einer Steigerung der Gefährlichkeit auf das Dreifache gegenüber dem nüchternen Kraftfahrer kam das Gutachten zu einem Grenzwert zwischen 0,6 und 0,7 ‰. Nach Einbeziehung eines Sicherheitszuschlags wurden 0,8 ‰ als „Gefahrengrenzwert" errechnet[82] und in den neuen § 24 a StVG aufgenommen.

Die Vorschrift stellt dabei aus den schon genannten Rückrechnungsgründen nicht ausschließlich auf die zum Tatzeitpunkt nachweisbare Blutalkoholkonzentration von 0,8 ‰ und darüber ab, sondern läßt bereits die Aufnahme einer Alkoholmenge genügen, die zu einem solchen Wert führt.

Die Einführung eines abstrakten Gefährdungsdelikts mit einer absoluten Promillegrenze steht in Einklang mit der Entwicklung im Ausland. Zweifelhaft könnte allerdings sein, ob ein Zahlenwert wie 0,8 ‰, der mit wissenschaftlichen Methoden ge-

[80] Lt. Auskunft des Kraftfahrtbundesamtes.

[81] *Lundt/Jahn* (Anm. 73), S. 40.

[82] S. 41.

messen wird, für eine an Laien adressierte Verbotsnorm tauglich ist. Man hat jedoch zu beachten, daß sich für den Laien mit dieser Ziffer nicht irgendeine Zahl verbindet. Vielmehr hat „0,8 ‰" den für die Öffentlichkeit deutlichen Erklärungsinhalt, daß es um die Grenze geht, von der an im Normalfall eine Gefährdung anderer Verkehrsteilnehmer zu befürchten ist. Infolgedessen kann bei demjenigen, der erheblich dem Alkohol zugesprochen hat, das Bewußtsein, mit Gewißheit die 0,8 ‰-Grenze zu erreichen, gegeben sein und daher dolus directus vorliegen. Häufiger aber kommt dolus eventualis in Betracht, wenn nämlich jemand, der nach mehr als geringem Alkoholgenuß ein Kraftfahrzeug benutzt, das Erreichen von 0,8 ‰ in Kauf nimmt. Im Vordergrund jedoch stehen die Fahrlässigkeitsfälle. Hier spielt für den Sorgfaltsmaßstab eine Rolle, daß der Kraftfahrer sich nur ans Steuer setzen darf, wenn der vorherige Alkoholgenuß sich in niedrigem Umfang gehalten hat. Die Promillegrenze ist dabei derzeit so bemessen, daß gewöhnlich noch zu seinen Gunsten ein hinreichender Spielraum verbleibt; bedeuten 0,8 ‰ doch immerhin, daß der Täter 5 bis 7 Gläser vierprozentiges Bier zu je 0,2 l getrunken haben kann[83]. Unter gesetzestechnischem Aspekt kommt hinzu, daß kein praktikabler Weg vorstellbar ist, die mit einem Promille-Wert markierte Grenze abstrakter Gefährdung in einer für den Normadressaten anschaulicheren Weise zu vertypen[84].

3) Gegenwärtig wird *de lege ferenda* die Forderung diskutiert, anstatt der bisherigen Abstufung von zwei auf die Fahruntüchtigkeit abstellenden Straftatbeständen und einer an 0,8 ‰ anknüpfenden Ordnungswidrigkeit einen einheitlichen abstrakten Gefährdungstatbestand im Strafgesetzbuch vorzusehen, wobei gleichzeitig an eine Herabsetzung der Promillegrenze auf 0,6 gedacht ist[85]. Man wird jedoch bei den Reformüberlegungen differenzieren müssen. Die Zusammenfassung aller Fälle in einem an

[83] Zu den Berechnungsfaktoren siehe *Gerchow/Heberle* (Anm. 77), S. 44 ff. Die Spannweite zwischen 5 und 7 Gläsern beruht unter anderem darauf, daß nach der Widmark'schen Formel Körpergewicht und Reduktionsfaktor mit von Bedeutung für die Berechnung sind.

[84] Vgl. zur rechtsstaatlichen Unbedenklichkeit des § 24 a StVG auch BT-Drucks. 7/692, S. 3; außerdem die Ausführungen zur subjektiven Seite bei *Janiszewski*, Straßenverkehrs-Strafrecht, 1979, S. 164 f.; *Full/Möhl/Rüth*, Straßenverkehrsrecht, 1980, § 24 a StVG Rdn. 6 ff.; krit. *Naucke*, Festschrift für Bockelmann, 1979, 699, 711.

[85] *Vorstand des Bundes gegen Alkohol im Straßenverkehr*, Reform der Promillegrenzen, DRiZ 1979, 280 f. Dagegen *Janiszewski*, Blutalkohol 1977, 64 ff.

der untersten Promillegrenze ausgerichteten abstrakten Gefährdungsdelikt scheitert bereits an der strafrechtlichen Notwendigkeit, Strafrahmen und Unrechtsgehalt der Taten in Relation zueinander zu halten. Für denjenigen, dessen Unrecht sich darin erschöpft, fahrlässig mit 0,8 oder gar nur 0,6 ‰ gefahren zu sein, ist eine niedrigere tatbestandliche Einstufung angezeigt als für denjenigen, der vorsätzlich im Zustand absoluter Fahruntüchtigkeit konkrete Gefahren für Leib oder Leben anderer heraufbeschwört.

Eine andere Frage ist, ob das Delikt des § 24 a StVG nicht vom Ordnungswidrigkeitenrecht ins Strafrecht übernommen werden sollte. Grundsätzliche Bedenken würden hiergegen nicht bestehen, sofern sich zeigt, daß die Regelung als Ordnungswidrigkeit keine hinreichende Sanktionierung darstellt[86]. Anhaltspunkte in dieser Richtung sind derzeit aber nicht erkennbar. Was die Herabsetzung der Promillegrenze betrifft, bedarf es ausreichender wissenschaftlicher Klärung, daß bereits bei einem niedrigeren Wert als 0,8 ‰ das sichere Führen eines Kraftfahrzeugs in der Regel nicht mehr gewährleistet ist. Nach dem derzeitigen Erkenntnisstand wird die Notwendigkeit, auf eine geringere Blutalkoholkonzentration abzustellen, bei uns noch verneint[87]. Schon jetzt aber gibt es mehrere Staaten, darunter Jugoslawien, die von 0,5 ‰ ausgehen; auch hat die Weltgesundheitsorganisation diesen Promille-Wert empfohlen[88]. Dagegen würde ein Verbot wie etwa

[86] Der Rechtsausschuß des Bundestages hatte übrigens in den Beratungen vor Einführung des § 24 a StVG empfohlen, die Vorschrift nicht als Ordnungswidrigkeit auszugestalten, sondern als Absatz 2 zu § 316 ins Strafgesetzbuch aufzunehmen (und dabei Freiheitsstrafe bis zu 6 Monaten oder Geldstrafe vorzusehen). Dem widersprach der Verkehrsausschuß damals mit der Begründung, daß eine Ahndung als Ordnungswidrigkeit ausreiche und daß eine strafrechtliche Lösung auch den bisherigen Bemühungen um eine Entkriminalisierung des Verkehrsstrafrechts zuwiderlaufe. Vgl. BT-Drucks. 7/692, S. 3. Zu früheren Initiativen: *Hentrich*, Blutalkohol 1973, 178; *Janiszewski* (Anm. 84), S. 134.

[87] Die Bundesregierung hat in mehreren Stellungnahmen ihre Bereitschaft, eine gesetzliche Neuregelung in Erwägung zu ziehen, vom Vorliegen neuer wissenschaftlicher Erkenntnisse abhängig gemacht; vgl. DRiZ 1979, 280 f. Auch der Verkehrsgerichtstag 1981 hält eine Verschärfung derzeit nicht für sinnvoll; vgl. FAZ vom 31. 1. 1981.

[88] Für 0,5 ‰ Finnland, Niederlande, Norwegen und Schweden. 0,25 ‰ sind die Grenze in Polen. Vgl. Übersicht der ADAC-Pressestelle vom 5. 6. 1979. Zum Vorschlag der Weltgesundheitsorganisation (WHO) siehe *Richter/Hobi*, Blutalkohol 1979, 392.

in der DDR, nach dem überhaupt kein Alkohol getrunken sein darf, parlamentarisch wie praktisch kaum eine Durchsetzungschance haben[89]. Das um so weniger, als es größere Gebiete der Bundesrepublik gibt, in denen Bier den Charakter eines Grundnahrungsmittels hat.

V. Lassen Sie mich nun noch einen Blick auf die *mittelbare Alkoholdelinquenz* werfen, also diejenigen Fälle, in denen es um das Verhalten Dritter geht.

1) Hier handelt es sich einmal um das als Ordnungswidrigkeit sanktionierte Verbot, in Ausübung des Gaststättengewerbes alkoholische Getränke an erkennbar Betrunkene zu verabreichen (§§ 20, 28 Gaststättengesetz [GaststG]). Daß jemand erkennbar betrunken ist, bedeutet dabei noch nicht, daß der Betreffende *voll*trunken sein muß[90]. Wie durch Rückfrage bei Ordnungsbehörden festgestellt werden konnte, wird die Einhaltung dieser Vorschrift praktisch kaum überwacht.

2) Eine wichtige Rolle bei der Bekämpfung des Jugendalkoholismus könnten die Vorschriften spielen, die den Verkauf von Alkohol an Jugendliche betreffen. Gemäß §§ 3, 14 des Gesetzes zum Schutze der Jugend in der Öffentlichkeit (JÖSchG) begeht eine Ordnungswidrigkeit, wer Kindern und Jugendlichen in Gaststätten und Verkaufsstellen Branntwein abgibt oder seinen Genuß gestattet; außerdem derjenige, der in Gaststätten oder Verkaufsstellen andere alkoholische Getränke Kindern oder Jugendlichen unter 16 Jahren zum eigenen Genuß abgibt[91]. Diese Delikte

[89] Die DDR-Vorschrift ist § 5 Abs. 1 Satz 2 DDR-StVO. Ein absolutes Alkoholverbot besteht auch in Bulgarien, Griechenland, Italien, Rumänien, der Sowjetunion, Tschechoslowakei, Türkei und in Ungarn (vgl. Übersicht der ADAC-Pressestelle vom 5. 6. 1979), wobei jedoch die Verfolgungsintensität unterschiedlich ist. Bei uns gibt es ein solches Verbot nur für Betriebspersonal im Fahrdienst (einschl. Taxifahrern); vgl. § 8 Abs. 3 Nr. 1 VO über den Betrieb von Kraftfahrunternehmen im Personenverkehr (BOKraft) vom 21. 6. 1975 (BGBl. I, 1573). Gegen eine allgemeine 0,0 ‰-Grenze auch Bundesverkehrsminister *Gscheidle* in der Illustrierten „Bunte", 1980, Nr. 35, S. 11.

[90] Vgl. BGHSt. 19, 152 (154); *Michel/Kienzle*, Gaststättengesetz, 7. Aufl. 1978, § 20 Rdn. 4: „erkennbar betrunken" bezeichnet einen Zustand, „welcher durch bedeutendere körperlich-geistige Ausfallerscheinungen auffällt".

[91] Auch begeht eine Ordnungswidrigkeit, wer als Person über 21 Jahren ein Verhalten eines Kindes oder Jugendlichen herbeiführt oder fördert, das durch § 3 dieses Gesetzes verhindert werden soll (§ 14 Abs. 1 Nr. 2 JÖSchG). Ferner liegt eine Ordnungswidrigkeit vor, wenn ein Arbeitgeber einem bei ihm beschäftigten Jugendlichen unter 16 Jahren alko-

werden zu einer Straftat, wenn durch sie wenigstens leichtfertig ein Kind oder ein Jugendlicher in seiner körperlichen, geistigen oder sittlichen Entwicklung schwer gefährdet wird oder wenn sie beharrlich wiederholt werden (§ 13 JÖSchG).

Wie schon betont wurde, ist gerade die Zunahme des Alkoholismus von Jugendlichen alarmierend. Es steht außer Frage, daß der Jugendalkoholismus stark kriminalitätsfördernd ist. Auf den Zusammenhang von Enthemmung oder Verwahrlosung durch Alkohol und Kriminalität wird deshalb auch in der Stellungnahme der Bundesregierung zum Alkoholmißbrauch von Kindern und Jugendlichen hingewiesen[92]. Bedauerlicherweise werden die genannten Schutzvorschriften wenig eingehalten. In der Presse hieß es deshalb: Für Kinder ist „Schnaps mühelos zu haben"[93]. Eine Überwachung findet auch kaum statt[94]. Hinzu kommt, daß bei anderen alkoholischen Getränken als Branntwein das bestehende gesetzliche Erfordernis, wonach der Alkohol zum eigenen Genuß des Kindes oder Jugendlichen bestimmt sein muß, eine Kontrolle erschwert.

Der geschilderte Zustand steht in Widerspruch zu der im Jahre 1977 in der erwähnten Stellungnahme der Bundesregierung[95] geforderten intensiveren Überwachung gesetzlicher Ausschank- und Verkaufsverbote. Auch erscheint eine schärfere Fassung der einschlägigen Vorschriften angezeigt. Dabei könnte gleichzeitig erwogen werden, die einschlägigen Strafbestimmungen stärker dadurch ins allgemeine Bewußtsein zu heben, daß

holische Getränke oder über 16 Jahren Branntwein gibt (§§ 31, 58 Jugendarbeitsschutzgesetz [JArbSchG]). Ein solches Verhalten des Arbeitgebers ist dann eine Straftat, wenn dadurch der Jugendliche in seiner Gesundheit oder Arbeitskraft gefährdet wird (§ 58 Abs. 5 JArbSchG).

[92] BT-Drucks. 8/922, S. 25. Auch *Kaiser*, Kriminologie, 4. Aufl. 1979, S. 198, weist darauf hin, daß der gesteigerte Alkoholkonsum sich in der Jugendkriminalität niederschlägt. Siehe außerdem die Angaben bei *Struck*, Jugenddelinquenz und Alkohol, Diss. Hamburg 1970, S. 15; *Drewes*, Die kriminogenen Wirkungen des Alkohols bei jungen Straftätern, Diss. Göttingen 1977, S. 136; ferner in „Der Spiegel" 1974 Nr. 50, S. 78.

[93] „Der Spiegel" (Anm. 92).

[94] Wie durch Rückfrage bei Ordnungsbehörden festzustellen war, ist dieser Zustand unverändert. Auch *Gerchow/Heberle* (Anm. 77), S. 67 beklagen, daß die Erfahrungen mit dem freien Laden- und Kioskverkauf zeigen, daß er die Zielvorstellungen der zum Jugendschutz erlassenen Gesetze in hohem Maße in Frage stellt.

[95] BT-Drucks. 8/922, S. 7.

man sie von ihrem bisherigen entlegenen Regelungsort ins StGB transferiert[96].

3) In den Zusammenhang der die Alkoholszene betreffenden Verhaltensweisen Dritter gehört auch eine viel diskutierte Unterlassungsproblematik. Es handelt sich um die in der höchstrichterlichen Rechtsprechung mehrfach behandelte Frage der Garantenstellung des Gastwirts bei eingetretener Volltrunkenheit von Gästen. Der Bundesgerichtshof hält den Gastwirt, der an einen Kraftfahrer Alkohol ausgeschenkt hat, aufgrund Ingerenz regelmäßig für verpflichtet, das Weiterfahren des Gastes mit angemessenen und ihm möglichen Mitteln zu verhindern, wenn der Gast offensichtlich so betrunken ist, daß er nicht mehr verantwortlich handeln kann, nämlich schuldunfähig ist[97]. Dementsprechend hat er entschieden, daß ein Gastwirt wegen fahrlässiger Tötung durch Unterlassen zu bestrafen ist, wenn sich bei Vorliegen der vorgenannten Voraussetzungen durch die Trunkenheit des Gastes ein tödlicher Verkehrsunfall ereignet[98]. Noch bemerkenswerter ist ein neueres Urteil, in dem ein Gastwirt wegen eines Verbrechens der schweren Aussetzung nach § 221 Abs. 3 StGB in der Form des Verlassens in hilfloser Lage bestraft worden ist, weil er einen durch den Alkoholgenuß erkennbar volltrunken gewordenen Gast sich selbst überlassen hat, so daß dieser auf der Straße tödlich überfahren wurde[99]. In der Entscheidung wird überdies die Auffassung vertreten, daß die Garantenpflicht nicht nur den Gastwirt, sondern auch häusliche Gastgeber treffe.

Diese Judikatur wird mit Recht kritisiert. Man weist darauf hin, daß Ingerenz richtiger Ansicht nach eine pflichtwidrige Gefährdungshandlung erfordert[100]. Solange deshalb das Verabrei-

[96] Vgl. auch § 353 E 1962 mit Begr. S. 540. Der Referentenentwurf für eine Novellierung des JÖSchG beschränkt sich hinsichtlich der Alkoholproblematik allerdings nur darauf, das „Erzieherprivileg" zu beseitigen, welches bisher die Abgabe von Alkohol — ausgenommen Branntwein — an 14—16jährige, die sich in Begleitung eines Erziehungsberechtigten befinden, erlaubt (vgl. den Bericht in: Kriminalistik 1980, 338).

[97] BGHSt. 19, 152; 26, 35. Weitergehend war in BGHSt. 4, 20 bereits als ausreichend angesehen worden, daß der Gast völlig *fahruntüchtig* gewesen ist.

[98] BGHSt. 19, 152.

[99] BGHSt. 26, 35.

[100] *Jescheck* (Anm. 14), S. 507 f.; *Rudolphi*, SK, § 13 Rdn. 40; *Schönke/Schröder/Stree*, § 13 Rdn. 34 f. Bei einzelnen Problemkreisen auch der BGH; vgl. BGHSt. 23, 327 (bezüglich durch Notwehr gerechtfertigten

chen des Alkohols nicht rechtspflichtwidrig ist, nämlich gegen den schon erwähnten § 20 Nr. 2 GaststG verstößt, d. h. ein Alkoholausschenken an einen bereits erkennbar Betrunkenen darstellt, fehlt es an den Voraussetzungen einer Garantenstellung aus Ingerenz. Ergibt sich später, daß ein nicht pflichtwidriger Alkoholausschank zu einem offensichtlich die Eigenverantwortlichkeit ausschließenden Trunkenheitsgrad geführt hat, so kommt hinsichtlich einer Unterlassung seitens des Wirts oder privaten Gastgebers nicht ein unechtes Unterlassungsdelikt in Betracht, sondern die mögliche Strafbarkeit ist auf den Umfang des § 323 c (= § 330 c a. F.) StGB beschränkt.

VI. Ging es bei meinen bisherigen Ausführungen um einen Überblick über die nach deutschem Straf- und Ordnungswidrigkeitenrecht unmittelbar oder mittelbar die Alkoholdelinquenz betreffenden Tatbestände und die auf der Ebene der Tat liegenden Fragen, so möchte ich mich nun den Rechtsfolgen und den einschlägigen strafprozessualen Regelungen zuwenden.

1) Zunächst die *Rechtsfolgen:*

a) Zur Höhe der *Strafrahmen* ist bei der Erörterung der einzelnen Strafbestimmungen schon das Wesentliche mitgeteilt worden. Was die verhängten Strafen betrifft, interessiert insbesondere, welche Rolle die Freiheitsstrafe bei § 315 c Nr. 1 a und § 316 StGB, den beiden einschlägigen Straftaten im Straßenverkehr, spielt. Es zeigt sich, daß zwischen 10,6 und 12 % der Verurteilungen auf Freiheitsstrafe lauten, und zwar überwiegend bis zu 6 Monaten[101]. Infolgedessen hat die Strafaussetzung zur Bewährung, die anfänglich von den Gerichten bei Alkoholdelikten noch grundsätzlich abgelehnt worden war[102], hier großes Gewicht. Sie erfolgt bei 80 % dieser Verurteilungen[103].

vorangegangenen Tuns); 25, 218 (bezüglich verkehrsrichtiger Fahrweise); dagegen nur ansatzweise BGHSt. 19, 152 (154 f.); 26, 35 (38).

101 *Statistisches Bundesamt*, Rechtspflege, Strafverfolgung 1978, S. 68—71: Bei § 315 c Abs. 1 Nr. 1 a StGB: 3635 Verurteilungen zu Freiheitsstrafe von 34 293 Verurteilungen insgesamt. Davon lauteten 3090 auf bis zu 6 Monaten, 505 von 6 Monaten bis zu 1 Jahr, 40 über 1 Jahr. — Bei § 316 StGB: 14 695 Verurteilungen zu Freiheitsstrafe von 120 505 Verurteilungen insgesamt. Davon gingen 12 911 auf bis zu 6 Monaten, 1702 von 6 Monaten bis zu 1 Jahr, 82 über 1 Jahr.

102 Vgl. BGH VRS 18, 347; OLG Düsseldorf NJW 1961, 979; OLG Braunschweig NJW 1964, 2263; OLG Celle NJW 1966, 510 und MDR 1967, 512; eine Wende in dieser Rspr. erfolgte durch BGHSt. 22, 192.

b) Bei den strafrechtlichen Rechtsfolgen kann in Fällen der Alkoholdelinquenz neben der Strafe die *Maßregel* der Unterbringung in einer Entziehungsanstalt in Betracht kommen.

Gemäß § 64 StGB ordnet das Gericht die Unterbringung in einer Entziehungsanstalt an, wenn der Täter den Hang hat, alkoholische Getränke oder andere berauschende Mittel im Übermaß zu sich zu nehmen, und er wegen einer rechtswidrigen Tat, die er im Rausch begangen hat oder die auf seinen Hang zurückgeht, verurteilt wird oder nur deshalb nicht verurteilt wird, weil seine Schuldunfähigkeit erwiesen oder nicht auszuschließen ist. Voraussetzung ist dabei das Bestehen der Gefahr, daß der Täter infolge seines Hanges erhebliche rechtswidrige Taten begehen wird.

Die praktische Bedeutung dieser Vorschrift ist sehr gering. Bis Mitte der siebziger Jahre waren es nicht einmal 200 Unterbringungen jährlich. Seither ist zwar eine Zunahme auf das Doppelte zu verzeichnen. Aber diese ist offenbar vor allem durch die Drogenszene bedingt. Außerdem ändert sie, wenn man sie in Relation zur großen Zahl der Alkoholtäter setzt, nichts am geringen praktischen Gewicht[104].

Die Gründe hierfür sind in folgendem zu suchen: Zum einen ist zu bedenken, daß die Maßregel des § 64 StGB nur gewohnheitsmäßige Trinker erfaßt[105]. Dementsprechend fällt insbesondere der größte Teil der Alkoholtäter des Straßenverkehrs von vornherein nicht in den Anwendungsbereich. Bei der Straßenverkehrsdelinquenz kommt hinzu, daß die erforderliche negative Prognose sich zumeist nicht auf erhebliche rechtswidrige Taten im Sinne der Vorschrift bezieht. Die strafrichterliche Anordnung der Unterbringung in einer Entziehungsanstalt würde hier normalerweise außer Verhältnis zur Bedeutung der vom Täter begangenen und zu erwartenden Taten stehen.

Davon zu unterscheiden sind die Fälle, in denen die Voraussetzungen des § 64 StGB zwar in Betracht kommen, die Anordnung aber gleichwohl unterbleibt. Daß es sich häufig so verhält,

[103] *Statistisches Bundesamt* (Anm. 101): Bei § 315 c Abs. 1 Nr. 1 a entfielen auf 3635 Verurteilungen zu Freiheitsstrafe 2921 Strafaussetzungen zur Bewährung. Bei § 316 StGB betrug das Verhältnis 14 695 zu 11 403.

[104] Zu den siebziger Jahren vgl. die Angaben bei *Hanack*, LK, 10. Aufl. 1978, § 64 Rdn. 10. Für 1978 — die genaue Zahl betrug 377 Einweisungen — siehe *Statistisches Bundesamt* (Anm. 101), S. 32.

[105] Vgl. BGHSt. 3, 339 (340).

liegt einmal daran, daß es spezielle staatliche Entziehungsanstalten für Alkoholiker derzeit kaum gibt[106]. Die Täter müssen deshalb in Abteilungen psychiatrischer Krankenanstalten eingewiesen werden. Hier besteht nicht nur ein Mangel an Plätzen, sondern die Gerichte erachten eine solche Unterbringung erst als „ultimum refugium". Verbunden damit ist die Skepsis gegenüber dem Behandlungserfolg, wobei auch die Nachteile einer Zwangstherapie mitspielen. Außerdem mag die frühere Vorstellung nachwirken, bei längerem Haftanstaltsaufenthalt werde ohnehin eine Entwöhnung eintreten. Und schließlich bildet einen weiteren Grund der seltenen Anwendung des § 64 StGB, daß die Süchtigkeit von den Gerichten häufig gar nicht erkannt oder ermittelt wird[107].

Angesichts des starken Anwachsens des Alkoholmißbrauchs und der damit einhergehenden Zunahme der Alkoholdelinquenz erscheint es dringend geboten, die Therapiemöglichkeiten für Alkoholtäter zu intensivieren. Das um so mehr, als die Rückfallquote bei solchen Tätern überproportional hoch ist[108]. Erforderlich ist die Einrichtung geeigneter Entziehungsanstalten für Unterbringungen nach § 64 StGB, darüber hinaus sind aber auch entsprechende Therapiemöglichkeiten im Rahmen des Strafvollzugs — organisatorisch wohl durch die Zusammenfassung von Alkoholtätern in bestimmten Haftanstalten realisierbar — ins Auge zu fassen.

Hinzuweisen ist noch darauf, daß auch unabhängig vom Vorliegen einer Straftat die Möglichkeit der Einweisung in eine Entziehungsanstalt für Suchtkranke durch ein Zivilgericht besteht, und zwar auf Antrag der örtlichen Ordnungsbehörde[109].

[106] Vgl. *Hanack*, LK, § 64 Rdn. 15.

[107] Vgl. zu den vorgenannten Gründen *Hanack*, LK, § 64 Rdn. 11 ff. (m. w. Nachw.).

[108] Während der Anteil aller Alkoholtäter an der Gesamtkriminalität sich zwischen 6 und 72 % bewegt, liegt der von rückfälligen Alkoholtätern zwischen 32 und 84 %; vgl. BT-Drucks. 8/922, S. 25; *Göppinger* (Anm. 7), S. 225 ff.

[109] Vgl. etwa §§ 10 ff. nordrh.-westf. Gesetz über Hilfen und Schutzmaßnahmen bei psychischen Krankheiten (PsychKG). Im übrigen ist noch auf den Straftatbestand der Gefährdung einer Entziehungskur hinzuweisen (§ 323 b StGB). Danach wird mit Freiheitsstrafe bis zu 1 Jahr oder mit Geldstrafe bestraft, wer wissentlich einem anderen, der auf Grund behördlicher Anordnung zu einer Entziehungskur in einer An-

c) Besonderheiten gelten für Taten, die im Bereich des Straßenverkehrs begangen worden sind:

aa) In § 69 StGB findet sich als Maßregel die *Entziehung der Fahrerlaubnis.* Wird jemand wegen einer rechtswidrigen Tat, die er bei oder im Zusammenhang mit dem Führen eines Kraftfahrzeuges oder unter Verletzung der Pflichten eines Kraftfahrzeugführers begangen hat, verurteilt oder nur deshalb nicht verurteilt, weil seine Schuldunfähigkeit erwiesen oder nicht auszuschließen ist, so entzieht ihm das Gericht die Fahrerlaubnis, wenn sich aus der Tat ergibt, daß er zum Führen von Kraftfahrzeugen ungeeignet ist. Ist die rechtswidrige Tat ein Vergehen der Gefährdung des Straßenverkehrs (§ 315 c StGB), der Trunkenheit im Verkehr (§ 316 StGB) oder des Vollrausches (§ 323 a StGB), der sich auf eine Tat nach § 315 c, § 316 oder schwere Fälle der Unfallflucht (§ 142 StGB) bezieht, so ist der Täter in der Regel als ungeeignet zum Führen von Kraftfahrzeugen anzusehen.

Entzieht das Gericht die Fahrerlaubnis, so bestimmt es gemäß § 69 a StGB zugleich, daß für die Dauer von 6 Monaten bis zu 5 Jahren keine neue Fahrerlaubnis erteilt werden darf. Die Sperre kann für immer angeordnet werden, wenn zu erwarten ist, daß die gesetzliche Höchstfrist zur Abwehr der von dem Täter drohenden Gefahr nicht ausreicht.

Auch die für die Erteilung der Fahrerlaubnis zuständigen Verwaltungsbehörden haben eine Kompetenz zum Widerruf. Erweist sich jemand als ungeeignet zum Führen von Kraftfahrzeugen, muß ihm gemäß § 4 StVG die Fahrerlaubnis entzogen werden.

bb) Von der Entziehung der Fahrerlaubnis ist die Neben*strafe* des Fahr*verbots* nach § 44 StGB zu unterscheiden. Beim Fahrverbot geht es nur um die Ausübung der Erlaubnis. Während die befristete Entziehung der Fahrerlaubnis bedeutet, daß der Betreffende nach Ablauf der Frist die Neuerteilung beantragen muß, handelt es sich beim Fahrverbot darum, daß der Betreffende die Fahrerlaubnis behält, von ihr aber für begrenzte Zeit keinen Gebrauch machen darf. Auch kann die Fahrerlaubnis endgültig entzogen werden, während das Fahrverbot stets befristet ist.

stalt untergebracht ist, ohne Erlaubnis alkoholische Getränke verschafft oder überläßt oder ihn zu deren Genuß verleitet.

Gemäß § 44 Satz 2 StGB ist ein Fahrverbot in der Regel anzuordnen, wenn in den Fällen einer Verurteilung wegen alkoholbedingter Gefährdung des Straßenverkehrs (§ 315 c StGB) oder einer Verurteilung wegen Trunkenheit im Verkehr (§ 316 StGB) die Entziehung der Fahrerlaubnis nach § 69 StGB unterbleibt. Das Fahrverbot kann zeitlich für die Dauer von einem Monat bis zu drei Monaten verhängt werden.

Eine Parallelregelung findet sich in § 25 StVG für Fälle der Ordnungswidrigkeit des Verstoßes gegen die 0,8 ‰-Grenze. Danach ist in solchen Fällen in der Regel ein Fahrverbot in dem vorgenannten zeitlichen Rahmen anzuordnen.

Obwohl das Fahrverbot den Charakter einer Neben*strafe* hat, beschwert es den Täter aus den geschilderten Gründen weit weniger als die Maßregel der Entziehung der Fahrerlaubnis[109a].

cc) Die zahlenmäßige Bedeutung von strafrichterlichen Entziehungen der Fahrerlaubnis wegen eines Alkoholdelikts liegt bei etwa 144 000 Fällen jährlich. Zur Nebenstrafe des Fahrverbots sind im Jahre 1978 demgegenüber lediglich 10 000 Alkoholtäter verurteilt worden[110]. Die Dauer der strafrichterlichen Entziehung der Fahrerlaubnis wegen Straftaten im Straßenverkehr liegt in ²/₃ der Fälle zwischen 6 Monaten und 2 Jahren[111].

2) *Strafprozessuales* im Zusammenhang mit der Alkoholdelinquenz:

a) An erster Stelle ist die Blutprobe zu nennen. Sie ist gemäß § 81 a StPO ohne Einwilligung des Beschuldigten zulässig, sofern sie von einem Arzt nach den Regeln der ärztlichen Kunst zu Untersuchungszwecken vorgenommen wird und durch die Entnahme kein Nachteil für die Gesundheit des Beschuldigten zu befürchten ist. Die Anordnung der Blutprobenentnahme steht dem Richter zu, bei Gefährdung des Untersuchungserfolgs durch Verzögerung

[109a] Diskutiert wird, ob nicht auch die Fahrerlaubnisentziehung in der Praxis Strafcharakter hat; vgl. *H.-L. Schreiber*, Blutalkohol 1979, 24 (m. w. Nachw.). Im übrigen s. *dens.* noch zur „Nachschulung" von Alkohol-Verkehrstätern (S. 19 ff.).

[110] Vgl. zu diesen Zahlenangaben Hans-Günter *Schmidt*, Jahrbuch zur Frage der Suchtgefahren 1980, S. 71, 73 (genau 143 905 bzw. 10 149 Fälle). Dort wird auch darauf hingewiesen, daß die genannten Fälle der Entziehung der Fahrerlaubnis 94 % aller strafrichterlichen Fahrerlaubnisentziehungen ausmachen.

[111] Vgl. *Statistisches Bundesamt* (Anm. 101), S. 32. In genauen Zahlen für das Jahr 1978 handelte es sich um 46 588 Entziehungen bis zu 6 Monaten, 106 910 von 6 Monaten bis zu 2 Jahren, 4807 von 2 bis 5 Jahren, 279 für immer.

aber auch der Staatsanwaltschaft und — in der Praxis das Normale — den als Hilfsbeamten der Staatsanwaltschaft tätigen Polizeibeamten.

Soweit es sich um den Bereich des Straßenverkehrs handelt, verhalten sich die Dinge praktisch so, daß die Polizeibeamten bei Verdacht des Vorliegens eines Trunkenheitsdelikts dem Verkehrsteilnehmer zunächst die Möglichkeit geben, sich freiwillig einem Alkoholtest zu unterziehen. Es handelt sich dabei bekanntlich darum, daß der Verkehrsteilnehmer in ein alcotest-Röhrchen pustet zum Zwecke der Prüfung der Atemluft auf Alkohol. Dieser Test ist nicht erzwingbar, da § 81 a StPO den Verdächtigen nur verpflichtet, eine körperliche Untersuchung zu dulden, ihn aber nicht dazu nötigt, bei der Durchführung von Untersuchungen selbst *aktiv* mitzuwirken, wie das beim Alkoholtest erforderlich ist. Die Anwendung polizeilichen Zwanges zu dem ausschließlichen Zweck, einen Alkoholtest herbeizuführen, wird deshalb nicht als rechtmäßige Amtsausübung angesehen[112]. Ist der freiwillige Test positiv oder ist der Verkehrsteilnehmer trotz bestehender Verdachtsmomente nicht mit der Vornahme des Tests einverstanden, wird — im Regelfall durch die Polizei — eine ärztliche Blutprobe gemäß § 81 a StPO angeordnet.

b) Ferner ist strafprozessual zu vermerken, daß im Hinblick auf die erwähnten Möglichkeiten der Entziehung der Fahrerlaubnis und der Anordnung eines Fahrverbots bei Gefahr im Verzug — dem Normalfall — eine Beschlagnahme des Führerscheins durch die Staatsanwaltschaft oder die Polizei verfügt werden kann (§§ 94, 98 StPO). Darüber hinaus ist der Richter befugt, eine vorläufige Entziehung der Fahrerlaubnis anzuordnen, wenn dringende Gründe für die Annahme vorhanden sind, daß die Fahrerlaubnis entzogen werden wird (§ 111 a StPO).

c) Schließlich ist strafprozessual noch zu erwähnen, daß das besondere öffentliche Interesse an der Strafverfolgung, das gemäß § 232 StGB bei einfachen vorsätzlichen und vor allem bei fahrlässigen Körperverletzungen den fehlenden Strafantrag ersetzen kann, in der Praxis bei unter Alkoholeinwirkung im Straßenverkehr begangenen Taten regelmäßig bejaht wird[113]. In solchen Fäl-

[112] BGH VRS 39, 184.

[113] Vgl. Nr. 243 III der Richtlinien für das Strafverfahren und das Bußgeldverfahren (RiStBV).

len wird also fast immer im Offizialverfahren vorgegangen, und zwar ohne daß ein Strafantrag vorzuliegen braucht.

C

Abschließend läßt sich feststellen: Der deutsche Gesetzgeber hat die strafgesetzlichen Möglichkeiten, der Alkoholdelinquenz zu begegnen, weitgehend ausgeschöpft. Bei § 323 a StGB wird das strafgesetzgeberisch Mögliche sogar überschätzt. Die Fälle, in denen Verschärfungen des geltenden Rechts zu erwägen sind, betreffen wenige Einzelpunkte. Es zeigt sich im übrigen deutlich, daß Strafgesetze nur in engem Rahmen als Mittel zur Eindämmung des Alkoholmißbrauchs in Frage kommen. Die Strafdrohungen sind, von gewissen Bereichen des Jugendschutzes abgesehen, kein Instrument zur Bekämpfung des Alkoholmißbrauchs, sondern im wesentlichen nur ein Mittel zur Verhinderung von Rechtsgutsverletzungen bei Dritten als Folge von erhöhtem Alkoholgenuß. Um so bedauerlicher ist es allerdings, daß der schmale Bereich, der für eine Einflußnahme auf die Alkoholszene verbleibt, trotz des Bestehens gesetzlicher Regelungen nicht genutzt wird oder nicht genutzt werden kann. Ich erinnere an die praktisch fehlende Überwachung der einschlägigen Jugendschutzvorschriften, außerdem an die unzulänglichen tatsächlichen Voraussetzungen für eine Entziehungstherapie bei Straftätern.

Daß das Strafrecht weniger mit dem Alkoholmißbrauch selbst als mit dessen Folgen befaßt ist, sollte kein Hinderungsgrund sein, von strafrechtlicher Seite nachdrücklich an die politisch Verantwortlichen zu appellieren, der verhängnisvollen Automatik von Alkoholmißbrauch und Alkoholdelinquenz durch Einsatz geeigneter nichtstrafrechtlicher Mittel entschieden entgegenzutreten. Notwendig sind eine intensivere Aufklärung in den Schulen über die Alkoholgefahren, der Abbau des Emanzipations-Bildes des Alkoholkonsums, das Verbot der Alkoholwerbung und andere eindämmende Maßnahmen[114]. Eine Gegensteuerung hat sich im Bereich des Zigarettenkonsums, wo seit einiger Zeit wenigstens eine Stagnation des Verbrauchs zu beobachten ist, als durchaus sinnvoll erwiesen.

[114] In Frankreich sollen nach der Empfehlung eines von der Regierung eingesetzten Ausschusses die Preise für alkoholische Getränke um 45 % angehoben sowie die Alkoholwerbung weitgehend untersagt werden, vgl. FAZ vom 23. 7. 1980.

Auf der anderen Seite sollten die von mir mitgeteilten bedrückenden Zahlen in unserer zu hektischen Pendelausschlägen neigenden Zeit aber auch nicht zu einem Prohibitionskreuzzug ermuntern. Es geht allein um die Bekämpfung des Alkohol*mißbrauchs*.

Alkoholdelinquenz aus medizinischer Sicht*

Von Professor Dr. med. Dr. jur. Günter *Schewe*, Gießen

Inhaltsübersicht

* Herrn Professor Dr. med. *J. Gerchow* zum 60. Geburtstag.

b) „Rausch“ und „berauschende Mittel“
c) Sicherer Nachweis des „Rausches“ durch Nachweis erheblich verminderter Schuldfähigkeit oder Fahruntüchtigkeit?

3. Probleme des „inneren Tatbestandes“
a) Schuldfähigkeit vor Alkoholaufnahme
b) Fahrlässigkeit

4. Die „Rauschtat“
a) „Handlungsunfähigkeit“ bei „sinnloser Trunkenheit“ als Sachverständigenfrage?
b) Medizinische Probleme bei der Feststellung von „Absicht“, Vorsatz und Fahrlässigkeit

III. Diagnose und Behandlung bei alkoholabhängigen Delinquenten

A. Medizinische Grundlagen[1]

Forschungen der forensischen Medizin gelten zunächst der *quantitativen Alkoholbestimmung im Blut (I),* sodann dem *Verhalten des Alkohols im Organismus (II),* aus denen sich verschiedene *Berechnungsmöglichkeiten (III) ergeben.* Letztlich geht es bei den Bemühungen um Bestimmung der Tatzeit-BAK darum, Erkenntnisse über die Korrelationen von Blutalkoholkonzentration und *Alkoholwirkung (IV)* für die Beurteilung der Fahrtüchtigkeit oder der Schuldfähigkeit nutzbar zu machen. Insoweit handelt es sich um akute Alkoholwirkungen, während die chronischen Alkoholwirkungen und die Probleme von Mißbrauch und Sucht ein unabhängig von derartigen Bestimmungen und Berechnungen zu behandelndes klinisch-diagnostisches und therapeutisches Problem darstellen.

I. Bestimmung der Blutalkoholkonzentration (BAK)

1. Bestimmungsverfahren

Für den quantitativen Alkoholnachweis im Blut, u. U. auch im Urin, werden in der forensischen Praxis insbesondere drei Verfahren verwendet: Das Widmark-Verfahren[2], das ADH-Verfahren[3] und die gaschromatographische Methode[4].

[1] Wegen weiterer Einzelheiten sei z. B. verwiesen auf: *Forster/Joachim,* Blutalkohol und Straftat, 1975; sowie auf: *Schwerd* (Hrsg.), Kurzgefaßtes Lehrbuch der Rechtsmedizin für Mediziner und Juristen, 3. Aufl. 1979; *Forster/Ropohl,* Rechtsmedizin, 2. Aufl. 1979; *Berg,* Grundriß der Rechtsmedizin, 11. Aufl. 1976.

[2] Vgl. im einzelnen die Arbeitsanweisung im Gutachten des Bundesgesundheitsamtes zur Frage: Alkohol bei Verkehrsstraftaten, bearb. *v. Lundt/Jahn* 1966, S. 148 ff. (nachf. zit.: „1. BGA-Gutachten 1966“).

[3] Über die Durchführung des Verfahrens vgl. im einzelnen die Arbeitsanweisung im 1. BGA-Gutachten 1966, S. 152 ff.

2. Grundsätze für die Bestimmung der BAK in der forensischen Praxis

Nach dem 2. BGA-Gutachten 1977[5] sind bei jeder Blutalkoholbestimmung drei Untersuchungen nach dem Widmark-Verfahren oder einer seiner Modifikationen und zwei Untersuchungen nach der ADH-Methode zugrunde zu legen. Dem Untersucher bleibt es überlassen, die Bestimmungen nach dem Widmark- oder dem ADH-Verfahren durch zwei — bei Verwendung von Geräten ohne mechanisierte Probeneingaben durch drei — gaschromatographische Bestimmungen zu ersetzen. Bei Verwertung der Analysenergebnisse ist der Mittelwert maßgebend. Die höchstzulässige Variationsbreite beträgt 10 % des Probenmittelwertes, bei Probenmittelwerten unter 1,0 ‰ gleichbleibend 0,1 ‰[6].

3. Atemalkoholbestimmung

Da die Atemalkoholkonzentration der Blutalkoholkonzentration proportional ist, erscheint es im Prinzip möglich, vom Alkoholgehalt der Ausatmungsluft Rückschlüsse auf die Blutalkoholkonzentration zu ziehen. Dazu sind bereits entsprechende Geräte entwickelt worden. Die Verwertung für forensische Zwecke ist jedoch deshalb problematisch, weil sich die Fehlerquellen in der Praxis kaum ausschalten lassen: Bei entsprechender Atemtechnik werden zu niedrige Ergebnisse gefunden; zu hohe Werte erhält man, wenn das Trinkende nur kurze Zeit zurückliegt oder wenn kurz vor der Probe ein Erbrechen oder Aufstoßen erfolgte, so daß sich noch Alkohol in der Mundschleimhaut befindet.

Der Nutzen der Atemalkoholgeräte liegt daher mehr im Bereich der wissenschaftlichen Versuche, bei denen es auf exakte Blutalkoholwerte weniger ankommt; hier kann man den Versuchspersonen u. U. Blutentnahmen ersparen.

In der Praxis spielt als Vorprobe zur Entscheidung über die Durchführung einer Blutprobe die *„Alcotest-Probe"* eine gewisse Rolle. Es handelt sich um ein Glasröhrchen, das zwischen zwei Glaswollepfropfen eingekörntes Kieselsäuregel mit einer abgemessenen Menge Dichromatschwefelsäure enthält. Wird eine be-

[4] Vgl. im einzelnen die Arbeitsanweisung in: Alkohol und Straßenverkehr, Zweites Gutachten des Bundesgesundheitsamtes, 1977, S. 81 f. (nachf. zit.: „2. BGA-Gutachten 1977").

[5] A. a. O. (Anm. 4), S. 8.

[6] 1. BGA-Gutachten 1966, S. 25 ff., 33.

stimmte Menge alkoholhaltiger Luft hindurchgeblasen, so tritt eine in der Ausdehnung annähernd dem Alkoholgehalt der Atemluft entsprechende Grünverfärbung durch Reduzierung der Dichromatschwefelsäure auf. Bei einer intensiven Grünverfärbung bis zu einer auf dem Glasröhrchen angebrachten Strichmarke liegt ein Blutalkoholgehalt um etwa 0,7 ‰ vor. Die Methode ist jedoch ebenfalls mit erheblichen Unsicherheiten behaftet, wie sie schon im Zusammenhang mit den Atemalkoholgeräten erwähnt wurden. Sie kann deshalb nur die Bedeutung einer allgemeinen Vorprobe haben.

4. Blutentnahme

Blutentnahmen sind nach § 81 a Abs. 1 StPO auch ohne Einwilligung des Beschuldigten zulässig. Sie müssen allerdings durch einen Arzt durchgeführt werden. Bei Widerstand kann eine zwangsweise Blutentnahme erfolgen. Der Arzt ist jedoch im allgemeinen nicht zur Blutentnahme verpflichtet, es sei denn, sie gehört zu seinen Dienstpflichten, wie z. B. bei Polizeiärzten oder Krankenhausärzten, die sich vertraglich verpflichtet haben.

Die Blutentnahmen erfolgen nach Desinfektion mit Quecksilber-Oxycyanatlösung, im allgemeinen mit speziellen Venülen, die von der Polizei bereitgehalten werden. Die Identität wird durch Beschriftung der Blutproben gesichert.

II. Verhalten des Alkohols im Organismus

1. Resorption

Der getrunkene Alkohol wird vom Magen-Darmkanal aus resorbiert. Die Resorption beginnt praktisch sofort nach Trinkbeginn. Menge und Konzentration des aufgenommenen Getränks sowie der Füllungszustand des Magens bestimmen Geschwindigkeit und Ausmaß der Resorption. Insbesondere wenn vor oder während der Alkoholaufnahme gegessen wird, erscheint ein Teil des aufgenommenen Alkohols nicht im Blut. Die Gründe für dieses „Resorptionsdefizit" sind noch nicht geklärt. Es beträgt in der Regel um 10—15 %, nicht selten jedoch bis zu 30 % und mehr. Durch Nahrungsaufnahme wird in der Regel auch eine Resorptionsverzögerung hervorgerufen. Bei Aufnahme großer Alkoholmengen in kurzer Zeit oder bei gefülltem Magen kann die Resorptionsdauer über 90 Minuten, u. U. 2 Stunden betragen. Bei Alkoholaufnahme über längere Zeitspannen ist die Resorption bei Trinkende jedoch oft nahezu beendet oder ganz abgeschlossen.

2. Verteilung

Der in das Blut gelangte Alkohol verteilt sich weiter auf Organe, Körpergewebe und Körperflüssigkeiten. Deren unterschiedlicher Wassergehalt bedingt eine ungleichmäßige Verteilung des Alkohols. Fettgewebe nimmt kaum Alkohol auf; deshalb erreicht ein Fettleibiger von gleichem Körpergewicht wie ein Hagerer bei Aufnahme einer gleichen Alkoholmenge im allgemeinen eine höhere Blutalkoholkonzentration.

Bei schnellem Trinken kommt es zu einem relativ raschen Anstieg des Blutalkoholgehaltes; beim Einströmen des Alkohols aus den Blutgefäßen ins Gewebe kann der Blutalkoholgehalt plötzlich absinken, wenn kein Alkohol mehr aus dem Magendarmtrakt ins Blut nachströmt („Diffusionssturz"). Eine Diffusion ins Gewebe findet jedoch auch bereits während der Resorption statt. Von „Diffusionsausgleich" spricht man, wenn die Resorption praktisch beendet und die Verteilung zwischen Blut und Gewebe abgeschlossen ist. Von diesem Zeitpunkt an ist im allgemeinen mit einem gleichmäßigen Abfall der Blutalkoholkonzentration zu rechnen.

3. Elimination

Alkohol wird durch Verbrennung und Ausscheidung aus dem Körper eliminiert. Die Hauptmenge (90—95 %) wird in der Leber verbrannt; der Rest wird über Atmung, Schweiß und Urin ausgeschieden. In der postresorptiven Phase resultiert beim Menschen ein annähernd geradliniger Abfall der Alkoholkurve. Daraus ergeben sich — mit gewissen Einschränkungen — Möglichkeiten der „Rückrechnung", durch die man die Blutalkoholkonzentration zu einem vor der Blutentnahme liegenden Zeitpunkt bestimmen kann. Unsicherheiten sind insbesondere durch die Resorptions- und Verteilungsvorgänge bedingt und müssen in foro entsprechende Berücksichtigung finden.

4. Verlauf der Blutalkoholkurve

Die „idealtypische" Blutalkoholkurve bei relativ kurzer Trinkzeit zeigt zunächst einen steilen Anstieg der BAK, der durch die Resorption des genossenen Alkohols aus dem Magendarmtrakt in das Blut bedingt ist. In Abhängigkeit von der Trinkmenge wird das Maximum in der Regel ¾—1 Stunde nach Trinkende, manchmal früher, selten später erreicht. In der postresorptiven Phase fällt die BAK ziemlich geradlinig ab. Die gleiche Alkoholmenge kann bei der gleichen Person jedoch je nach Art der alkoholischen Getränke, der Trinkzeit, durch Nahrungsaufnahme u. a. sehr unterschiedliche Verläufe der Blutalkoholkurve ergeben. So kommt es bei sehr rascher Resorption nach Aufnahme von konzentrierten Getränken zunächst zu einer Anreicherung des Alkohols im Blut; die Diffusion ins Gewebe erfolgt nicht in gleicher Geschwindigkeit. Nachdem die Blutalkoholkurve ihr Maximum erreicht hat, findet ein starkes Abdiffundieren von Alkohol aus dem Blut ins Gewebe statt, das zunächst zu einem stärkeren Abfall der Blutalkoholkurve („Diffusionssturz") führt; erst dann findet eine gleichmäßige Elimination statt.

Erreichen des Maximums bedeutet nicht, daß die Resorption des Alkohols schon vollständig beendet ist, sondern nur, daß danach die Elimination überwiegt. Resorption und Abbau können sich für längere Zeit die Waage halten, so daß es zu einer „Plateaubildung" kommt. Das ist insbesondere der Fall, wenn vor oder während des Trinkens Nahrung aufgenommen wird.

Bei langsamem Trinken zeigt die Blutalkoholkurve einen flachen Anstieg und ein viel weniger abruptes Umbiegen in den abfallenden, „postresorptiven" Teil.

Mit dem sogen. *„Schluß-Sturztrunk"* ist ein massiver Alkoholkonsum in kurzer Zeit unmittelbar vor einem rechtserheblichen Ereignis gemeint, nachdem vorher längere Zeit gleichmäßig getrunken wurde. Hier kommt es — auch wenn die Resorption des Vortrunkes bereits abgeschlossen und ein Abfall der Blutalkoholkurve vorgelegen hat — infolge des Sturztrunks zu einem nochmaligen Anstieg, wobei das Erreichen der Gipfelkonzentration durch den Sturztrunk zwischen 10 und 90 Minuten schwanken kann[7].

III. Berechnung von BAK und Trinkmenge

1. Berechnungen nach der Widmark'schen Formel

Die Blutalkoholkonzentration in Promille (c) ist proportional der aufgenommenen (in g gemessenen) Alkoholmenge (A) und reziprok proportional dem (in kg gemessenen) Körpergewicht (p). Kennt man den „Proportionalitätsfaktor" (er wird in der Wid-

[7] Vgl. im einzelnen m. w. Nachw.: *Forster/Joachim* (Anm. 1), S. 80 ff.

mark'schen Formel „r" genannt), so läßt sich die Gleichung

$$A = c \cdot p \cdot r$$

bilden, wobei „r" den Verteilungsfaktor darstellt, der das Verhältnis der Alkoholkonzentration im Gesamtkörper zu der im Blut ausdrückt. Die Größe von r kann aus Alkoholversuchen mit bekanntem A und p errechnet werden. Man ermittelte für r einen Durchschnitt von etwa 0,7 für Männer und 0,6 für Frauen. Die Unterschiede ergeben sich aus den höheren Fettgewebsanteilen im weiblichen Körper.

Mit Hilfe dieser Formel kann man bei einer festgestellten BAK die aufgenommene Alkoholmenge, oder — bei bekannter Alkoholaufnahme — näherungsweise die zu erwartende BAK berechnen, wobei man den stündlichen Alkoholabbau (ca. 0,1 g/kg Körpergewicht; im statistischen Mittel: um 0,15 ‰) zu berücksichtigen und einen — im allgemeinen mit 10 % zu veranschlagenden — „Resorptionsverlust" in Rechnung zu stellen hat[8].

Da diesen Berechnungen statistische Mittelwerte zugrunde liegen, sind sie mit gewissen Unsicherheiten behaftet, die nach dem Grundsatz „in dubio pro reo" berücksichtigt werden müssen — und zwar in ganz unterschiedlicher Weise, je nachdem, ob es um die alkoholbedingte Fahruntüchtigkeit oder um die Schuldfähigkeit bei allgemeiner Alkoholdelinquenz geht.

2. Rückrechnung auf die BAK zur Tatzeit

Die in der Blutprobe festgestellte BAK ist natürlich nicht gleichzusetzen mit der BAK zum Tatzeitpunkt. Zur Feststellung der Tatzeit-BAK muß der Alkoholabbau während der Zeitspanne zwischen Tat und Blutentnahme berücksichtigt werden. Das heißt, der bei der Blutentnahme festgestellten BAK muß zur Ermittlung der Tatzeitkonzentration hinzugerechnet werden, was während der Zeitspanne zwischen Tat und Blutentnahme eliminiert worden ist. Diese „Rückrechnung" würde jedoch zu einer zu hohen Tatzeit-BAK führen, wenn man die Resorptionsverhältnisse unberücksichtigt ließe:

Liegt der Tatzeitpunkt noch in der „Resorptionsphase", so steigt die Blutalkoholkurve nach der Tat noch weiter an. In diesem Fall würde eine „Rückrechnung" vom Blutentnahmezeitpunkt auf den Vorfallszeitpunkt eine zu hohe Tatzeit-BAK erge-

[8] Beispiele bei *Schwerd* (Anm. 1), S. 132 ff.

ben. Dies ist bei der Berechnung der Tatzeit-BAK zu berücksichtigen[9].

Bei der Rückrechnung wird nun im allgemeinen nicht der mittlere stündliche Abbauwert von 0,15 ‰ zugrunde gelegt, sondern es erfolgt *bei Verkehrsdelikten* eine *Rückrechnung mit dem stündlichen Mindestabbauwert von 0,1* ‰, die praktisch jede Benachteiligung des Kraftfahrers ausschließt[10]; denn bei Verkehrsdelikten wäre — entsprechend dem Grundsatz: „in dubio pro reo" — die Mindest-BAK die für den Angeklagten günstigste. Dagegen wäre bei anderen Straftaten, wo es um die alkoholbedingte Beeinträchtigung oder Aufhebung der Schuldfähigkeit geht, die mögliche Maximal-BAK zu ermitteln, da hier der Maximalwert für den Angeklagten am günstigsten wäre.

Über den für die Beurteilung der *Schuldfähigkeit* zugrunde zu legenden *maximalen Rückrechnungswert* sind in Rechtsprechung und Schrifttum sehr unterschiedliche Auffassungen vertreten worden. Vielfach wird von Sachverständigen mit 0,2 ‰/Std. zurückgerechnet. In der höchstrichterlichen Rechtsprechung und im Schrifttum werden jedoch auch weit höhere Rückrechnungswerte diskutiert (in der Rechtsprechung: bis zu 0,29 ‰/Std.; im Schrifttum z. T. über 0,33 ‰/Std.)[11]. *Zink* und *Reinhardt*[12] schlagen demgegenüber ein anderes Rückrechnungsverfahren vor: Danach soll generell mit 0,2 ‰/Std. zurückgerechnet und ein Sicherheitszuschlag von 0,2 ‰ gemacht werden.

Man käme jedoch bei allen Rückrechnungsverfahren, in denen Werte von über 0,2 ‰/Std. zugrunde gelegt werden, sehr leicht zu so unrealistischen Ergebnissen, daß es oft besser wäre, überhaupt auf Versuche zur rechnerischen Ermittlung der Tatzeit-BAK zu verzichten, weil die Diskussionen über die Schuldfähigkeit sonst von irreführenden „Promillewerten" ausgehen würden.

Besondere Schwierigkeiten würden sich bei hohen Rückrechnungswerten und großen Differenzen zwischen Maximal- und Mindest-BAK insbesondere dann ergeben, wenn man — wie dies

[9] Vgl. dazu die Ausführungen über Schluß-Sturztrunk und Rückrechnung (unten B IV).

[10] Vgl. BGHSt. 25, 246.

[11] Vgl. im einzelnen m. w. Nachw.: *Zink/Reinhard*, Die Berechnung der Tatzeit-BAK zur Beurteilung der Schuldfähigkeit, Blutalkohol 1976, S. 327 ff.

[12] (Anm. 11).

die Rechtsprechung z. T. verlangt — die Anwendbarkeit des § 323 a (330 a a. F.) StGB davon abhängig macht, daß eine erhebliche alkoholbedingte Verminderung der Schuldfähigkeit sicher nachgewiesen sein muß. Darauf wird noch im Zusammenhang mit der Diskussion über § 323 a StGB zurückzukommen sein.

IV. Alkoholwirkungen

1. Akute Wirkungen

Alkohol ist ein Narkotikum, das wegen seiner geringen Narkosebreite jedoch in der Praxis als Narkosemittel keine Verwendung findet. Prinzipiell sind die Intoxikationserscheinungen aber mit einer Narkose und mit anderen Vergiftungen vergleichbar und von anderen Intoxikationszuständen nach der klinischen Symptomatik nicht sicher abzugrenzen. Sämtliche Symptome der Alkoholintoxikation beruhen auf narkotischer Lähmung zentralnervöser Funktionen. Schon bei Blutalkoholkonzentrationen um 0,3 ‰ lassen sich Leistungsminderungen für optische und akustische Reize sowie ein Anstieg der Risikobereitschaft nachweisen[13].

Es kommt zu einer Aktivitätssteigerung mit Minderung der Bewegungskontrolle; bei vermehrter Bewegungsexpansion zeigen sich Konzentrationseinbußen und Kontrollminderung; für die Aktionen wird mehr Raum benötigt. Die Formen lösen sich auf, und die Fähigkeit zur Konzentration auf Formen, Verhältnisse und Verteilung der Impulse läßt bereits bei vielen Menschen beachtlich nach. Der Wille, besonders exakt zu sein, kann daran wenig oder nichts ändern[14].

Die Spielbreite der alkoholbedingten Alterationen ist sehr erheblich, und zwar nicht nur interindividuell bei verschiedenen Alkoholkonsumenten, sondern auch intraindividuell: Der einzelne reagiert zu unterschiedlichen Zeiten und in unterschiedlichen psychischen oder körperlichen Verfassungen sehr unterschiedlich. Deshalb lassen sich nur mit Einschränkungen regelhafte oder gar gesetzmäßige Abhängigkeiten von Symptomatik und Blutalkoholspiegel aufzeigen.

Medikamente können zusammen mit Alkohol eine additive, u. U. auch eine überadditive bis potenzierende Wirkung zeigen. Dies gilt insbesondere für zentral wirksame Pharmaka (Psycho-

[13] *Staak/Eysselein*, Blutalkohol 1976, S. 187 ff., m. w. Nachw.
[14] *Gerchow*, Blutalkohol 1976, S. 341 ff., 348 f.

pharmaka, Schmerz- oder Schlafmittel), ebenso für *Drogen* (Haschisch, Marihuana, LSD, Morphin, Heroin usw.). Hier kann es auch bei geringen Dosen infolge der wechselseitig potenzierenden Wirkung zu schwersten psychischen Alterationen kommen. Nicht selten weicht die Symptomatik von der des allgemein bekannten Alkoholrausches ab.

Bei den *„abnormen Rauschzuständen“* gibt es Einteilungen nach ganz unterschiedlichen Gesichtspunkten und von geradezu verwirrender Vielfalt[15]. Forensisch sind diese Differenzierungen weniger bedeutsam, da es in erster Linie auf die Schwere der psychischen Veränderungen ankommt und darauf, ob der Betreffende mit schweren Alterationen rechnen mußte, was bei Konsum größerer Alkoholmengen regelmäßig der Fall sein wird (im einzelnen s. u. die Ausführungen zu § 323 a).

2. Chronischer Alkoholismus

Nach den Definitionen der WHO spricht man von „Alkoholismus“ und „Alkoholikern“ bei „exzessiven Trinkern“, deren Abhängigkeit vom Alkohol einen solchen Grad erreicht hat, daß sie deutliche seelische Störungen oder eine Beeinträchtigung ihrer körperlichen oder seelischen Gesundheit, ihrer mitmenschlichen Beziehungen, ihrer sozialen und wirtschaftlichen Funktionen aufweisen oder Prodrome einer solchen Entwicklung zeigen. Verlaufsbeschreibungen und Typologie des Alkoholismus orientieren sich meist an einer Einteilung von *Jellinek*[16]. Die von ihm geschilderten Verlaufsformen und Typen lassen sich sicher nicht immer exakt gegeneinander abgrenzen. Zur diagnostischen Abklärung des Alkoholismus sind verschiedene Testverfahren entwickelt worden, die sich z. T. auch zur Früherkennung bewährt haben[17].

Der chronische Alkoholismus manifestiert sich in Organschäden (Magen, Leber, Zentralnervensystem); im psychischen Bereich kommt es zur Wesensänderung mit Gedächtnisstörungen, Affektlabilität, u. U. zu hemmungsloser Augenblicksbestimmtheit, mo-

[15] *Gerchow/Heberle*, Alkohol, Alkoholismus, 1980, S. 32, formulieren pointiert: „Über den Rausch und seine Verlaufsformen gibt es fast so viele Definitionen wie Fachleute“.

[16] *Jellinek*, The disease concept of alcoholism, 1960. Vgl. im einzelnen die Darstellung bei *Gerchow/Heberle* (Anm. 15), S. 23 ff.

[17] So z. B. der Münchener Alkoholismustest (MALT) n. *Feuerlein, Ringer, Küfer, Antons* (vgl. *Gerchow/Heberle* [Anm. 15], S. 25 ff.).

mentanen Verstimmungen, oft zu pathologischen Eigenbeziehungen mit wahnhaftem Mißtrauen und paranoiden Ideen, schließlich zur Demenz („Verblödung“). Nicht selten treten „metalkoholische Psychosen“ auf, z. B. Delirium tremens, chronischer Eifersuchtswahn, Alkoholhalluzinose mit Wahnideen und Angstaffekten. Die psychischen Veränderungen können zu Gewalttaten führen, die häufig zugleich unter Alkoholeinwirkung begangen werden[18].

Die Beurteilung derartiger Straftaten ist in mehrfacher Hinsicht schwierig: Die Frage der Schuldfähigkeit hängt einmal von den akuten Alkoholwirkungen, zum anderen von den Persönlichkeitsveränderungen infolge des chronischen Alkoholismus ab. Damit wird zugleich die Entscheidung über Strafe oder Therapie, über Therapierbarkeit und Prognose problematisch. Juristisch kann die Anwendbarkeit des § 323 a StGB fraglich sein, wenn bereits unabhängig von der akuten Alkoholintoxikation schwerste psychische Veränderungen vorliegen.

B. Alkohol und Verkehrsdelinquenz

I. „Absolute“ und „relative Fahruntüchtigkeit“

Mit Urteil vom 5. November 1953 entschied der Bundesgerichtshof[19], daß bei Blutalkoholkonzentrationen von über 1,5 ‰ bei jedem Kraftfahrer alkoholbedingte Fahruntüchtigkeit gegeben sei, ohne daß es weiterer Beweisanzeichen für den Nachweis im konkreten Einzelfall bedürfe; ein individueller Gegenbeweis, etwa durch nachträgliche Fahrproben oder Alkoholbelastungsversuche, wurde nicht mehr zugelassen[20].

Damit hatte sich die Unterscheidung zwischen „absoluter“ und „relativer Fahruntüchtigkeit“ durchgesetzt: Blutalkoholkonzentrationen von über 1,5 ‰ hatten „absoluten“ Beweiswert für die Fahruntüchtigkeit; bei niedrigeren Konzentrationen bedurfte es weiterer Beweisanzeichen, um im Einzelfall die alkoholbedingte Fahruntüchtigkeit nachzuweisen.

Mit Beschluß vom 9. 12. 1966 hat der Bundesgerichtshof entschieden, daß alle Kraftfahrer bereits bei einem Blutalkoholgehalt von 1,3 ‰ unbedingt fahruntüchtig sind[21].

[18] Vgl. *Böker/Häfner*, Gewalttaten Geistesgestörter, 1973, S. 223 f.
[19] BGHSt. 5, 168.
[20] BGHSt. 10, 266.
[21] BGHSt. 21, 157. Die Herabsetzung erfolgte vor allem aufgrund des 1. BGA-Gutachtens 1966.

„Relative Fahruntüchtigkeit“ besteht bei Blutalkoholkonzentrationen unterhalb des Grenzwertes von 1,3 ‰, d. h. eine geringere BAK hat nur „relativen Beweiswert“; sie ist im Zusammenhang mit anderen Beweisanzeichen zu würdigen. Solche Indizien werden insbesondere in fehlerhafter Fahrweise und im sonstigen Verhalten des Fahrers (Trunkenheitszeichen) gesehen.

Alkoholbedingte Fahruntüchtigkeit („relative Fahruntüchtigkeit“) *kann* u. U. auch bereits in *niedrigen Konzentrationsbereichen* vorliegen, da auch hier schon verkehrsmedizinisch relevante Leistungsminderungen auftreten können. Dementsprechend hat der BGH auf die Möglichkeit hingewiesen, daß ein Kraftfahrer bereits mit einem Blutalkoholgehalt von 0,3 ‰ wegen relativer Fahruntüchtigkeit bestraft werden kann. Dazu wird besonders auf die erhöhten Schwierigkeiten bei Nachtfahrt unter Alkoholeinfluß sowie auf das Zusammenwirken von Alkoholgenuß und Übermüdung hingewiesen[22].

Auch *ohne Feststellung einer bestimmten Blutalkoholkonzentration* kann nach der Rechtsprechung alkoholbedingte Fahruntüchtigkeit angenommen werden, wenn aus der Fahrweise und/oder dem sonstigen Verhalten des Täters mit hinreichender Sicherheit hervorgeht, daß alkoholbedingte Ausfälle vorgelegen haben, die zum Nachweis der Fahruntüchtigkeit ausreichen. Allerdings werden insoweit strenge Anforderungen an die einzelnen Beweiszeichen und an die erforderliche Gesamtwürdigung gestellt[23].

II. Gefahrengrenzwert

Da ein Grenzwert der „absoluten Fahruntüchtigkeit“ nur an der oberen Grenze der Blutalkoholwerte liegen kann, bei denen erfahrungsgemäß verkehrsgefährdende Leistungsminderungen und Persönlichkeitsveränderungen bestehen, konnte die Rechtsprechung dem generalpräventiven Anliegen der Eindämmung alkoholbedingter Verkehrsgefahren nur unvollkommen gerecht werden. Alkoholkonzentrationen unterhalb des Grenzwertes führten regelmäßig nur zur Verurteilung, wenn ein Fehlverhalten nachgewiesen werden konnte. Deshalb empfahl das 1. BGA-Gutachten 1966[24] eine grundsätzliche Neuorientierung der Rechts-

[22] BGHSt. 13, 83, 91; BGH, Urteil vom 28. 4. 1961, Az.: 4 StR 55/61 (zit. n. *Gerchow/Heberle* [Anm. 15], S. 108).

[23] OLG Koblenz, Blutalkohol, 1976, S. 284.

[24] 1. BGA-Gutachten 1966, S. 40.

grundlagen und schlug ein gesetzliches Verbot der Teilnahme am Kraftverkehr von einer bestimmten BAK an vor. Dabei ist man von einer Steigerung der Gefährlichkeit auf das Dreifache gegenüber dem nüchternen Fahrer ausgegangen und gelangte zunächst zu einem Grenzwert zwischen 0,6 und 0,7 ‰. Unter Berücksichtigung eines Sicherheitszuschlages wurde dann der Wert von *0,8 ‰ als „Gefahrengrenzwert“* bezeichnet[25].

Durch Gesetz vom 20. 7. 1973 („0,8-Promille-Gesetz“) wurde § 24 a in das StVG eingefügt, nach dem derjenige Kraftfahrer wegen einer Ordnungswidrigkeit belangt wird, der „im Straßenverkehr ein Kraftfahrzeug führt, obwohl er 0,8 ‰ oder mehr Alkohol im Blut oder eine Alkoholmenge im Körper hat, die zu einer solchen Blutalkoholkonzentration führt“.

Damit wurde erstmalig ein Zahlenwert im deutschen Recht gesetzlich festgelegt, während die 1,3 ‰-Grenze von der Rechtsprechung durch Auslegung der §§ 315 c, 316 StGB aufgrund von wissenschaftlichen Erfahrungen ermittelt und praktisch verbindlich festgesetzt wurde. Bemerkenswert ist ferner, daß nicht nur die nachgewiesene BAK von 0,8 ‰ und darüber, sondern schon die Aufnahme einer Alkoholmenge, die zu einem solchen Wert führt, als Ordnungswidrigkeit erfaßt wird.

Einige Monate später hat der BGH in gleichem Sinne bei der Feststellung der „absoluten Fahruntüchtigkeit“ entschieden: Danach ist fahruntüchtig i. S. der §§ 316, 315 c Abs. 1 Nr. 1 a StGB auch der Kraftfahrer, der eine Alkoholmenge im Körper hat, die zu einer Blutalkoholkonzentration von 1,3 ‰ führt[26].

Damit wird den besonderen Problemen Rechnung getragen, die sich für die Praxis im Zusammenhang mit dem sogen. „Schluß-Sturztrunk“ und der Rückrechnung ergeben hatten.

III. Schluß-Sturztrunk und Rückrechnung

Nachdem der BGH die „absolute Fahruntüchtigkeit“ zunächst bei 1,5 ‰, später bei 1,3 ‰ festgelegt hatte, orientierte sich die forensische Praxis begreiflicherweise in erster Linie an dem Grenzwert. Die Tatsache, daß die Blutalkoholkurve nach dem Trinken — in der „Resorptionsphase“ — zunächst weiter ansteigt

[25] 1. BGA-Gutachten 1966, S. 40 ff.; über statistische und experimentelle Grundlagen s. ebd., S. 41 ff., sowie *Freudenberg*, S. 158 ff.; *Elbel*, S. 166 ff., *Gerchow*, S. 174 ff.

[26] BGHSt. 25, 246.

und erst nach Erreichen des Maximums abfällt, eröffnete jedoch einen breiten Raum für Schutzbehauptungen. „Erfahrene Rückfalltäter" und „gut beratene" Delinquenten ließen sich zunehmend dahin ein, sie hätten unmittelbar vor Fahrtantritt eine größere Alkoholmenge getrunken. Da die Behauptung eines solchen „Schluß-Sturztrunks" nur selten widerlegt werden kann, wurde häufig eine „Rückrechnung nach unten" erforderlich: Es konnte nicht ausgeschlossen werden, daß der kurz vor der Tat getrunkene Alkohol zum Tatzeitpunkt noch nicht in die Blutbahn gelangt und daß es erst danach zu einem — möglicherweise erheblichen — Anstieg der BAK gekommen war. Selbst wenn die kurz nach dem Vorfall entnommene Blutprobe eine deutlich über dem Grenzwert liegende BAK ergeben hatte, ließ sich also nicht beweisen, daß die BAK auch zum Tatzeitpunkt über dem Grenzwert gelegen hatte. Zunehmend breitete sich jedoch die Erkenntnis aus, daß bei alledem ein „Alkohol*konzentrations*denken" zu sehr im Vordergrund stand und daß man der Alkohol*wirkung*, die ja allein entscheidend für die Feststellung der Fahruntüchtigkeit ist, zu wenig Gewicht beigemessen hatte *(Heifer)*.

Aus zahlreichen experimentellen Untersuchungen war bekannt, daß es bei der Beurteilung der Alkoholwirkung nicht allein auf die BAK zu einem bestimmten Zeitpunkt ankommt, sondern daß während der Resorption, in der „Anflutungsphase", stärkere Alkoholwirkungen auftreten als während der Eliminationsphase. Je steiler der Anstieg der Blutalkoholkurve, desto stärker ist die „Anflutungswirkung". Für die Steilheit des Anstiegs der Blutalkoholkurve ist aber die Alkoholmenge entscheidend, die ein Mensch zur Tatzeit im Körper hat. Befindet sich etwa zum Tatzeitpunkt noch eine große Alkoholmenge im Magendarmtrakt, so erscheint es zwar möglich, daß in diesem Zeitpunkt nur eine relativ niedrige BAK vorgelegen hat, selbst wenn der später festgestellte Wert erheblich höher lag; sicher ist aber, daß die Blutalkoholkurve dann zum Tatzeitpunkt einen steilen Anstieg aufgewiesen haben muß und daß der Organismus dementsprechend einer starken „Anflutungswirkung" mit erheblich stärkeren Ausfällen ausgesetzt war.

Da demnach für die Alkoholwirkung die *Alkoholmenge* entscheidend ist, die ein Mensch zur Tatzeit *in seinem Körper* hat, läßt sich sagen: Auch wenn es erst nach dem Tatzeitpunkt zu einem Anstieg des Blutalkoholspiegels gekommen sein sollte, so muß die entsprechende Alkoholmenge doch zum Tatzeitpunkt im

Körper vorhanden gewesen sein, und wenn der Anstieg nach dem Tatzeitpunkt erheblich gewesen sein sollte, so muß die Anflutungswirkung erheblich gewesen sein[27].

Aufgrund dieser Überlegungen wurde in § 24 a StVG nicht nur auf die zum Vorfallszeitpunkt nachgewiesene BAK von 0,8 ‰ und darüber abgestellt; es wurde bereits die Aufnahme einer Alkoholmenge, die zu einem solchen Wert führt, als Ordnungswidrigkeit erfaßt. Damit konnte der verstärkten Alkoholwirkung während des Anstiegs der BAK Rechnung getragen werden; Schutzbehauptungen konnten damit in einer sachlich gerechtfertigten Weise weitgehend ausgeschaltet werden. Auf den gleichen Überlegungen beruhte die wenige Monate später ergangene BGH-Entscheidung, nach der fahruntüchtig i. S. der §§ 316, 315 c Abs. 1 Nr. 1 a auch der Kraftfahrer ist, der eine Alkoholmenge im Körper hat, die zu einer BAK von 1,3 ‰ führt[28].

Entscheidend ist allerdings auch hier, daß in der Blutprobe eine BAK über dem „Gefahrengrenzwert" von 0,8 ‰ bzw. über dem „Grenzwert der absoluten Fahruntüchtigkeit" von 1,3 ‰ festgestellt wurde. Liegt die in der Blutprobe festgestellte BAK unter 0,8 bzw. 1,3 ‰, so ist es zwar trotzdem möglich, dem Täter durch *„Rückrechnung"* nachzuweisen, daß zum Vorfallszeitpunkt eine höhere BAK über einem der genannten Grenzwerte vorlag; eine solche „Rückrechnung" i. S. einer „Hochrechnung" setzt jedoch voraus, daß zum Vorfallszeitpunkt die Blutalkoholkurve bereits im Fallen begriffen war. Um alle insoweit bestehenden Unsicherheitsmomente auszuschalten, geht die Rechtsprechung des BGH — unter Hinzurechnung eines gewissen Sicherheitszuschlages — von einer *Resorptionsdauer von maximal 120 Minuten* nach Trinkende als Richtwert für die mögliche Dauer der Resorption aus[29]. — Unter Umständen kann jedoch auch nach Auffassung des BGH nach Anhörung eines Sachverständigen von einer kürzeren Resorptionszeit ausgegangen werden, wenn die Umstände (insbesondere Trinkgeschwindigkeit und Trinkzeit) dies rechtfertigen. Eine Rückrechnung i. S. einer *„Hochrechnung"* ist also jedenfalls *nach Beendigung der Resorption* zulässig.

Im Schrifttum wurde eine „gestaffelte Rückrechnung" vorgeschlagen, bei der mit zunehmendem Abstand vom Trinkende der

[27] *Heifer*, Blutalkohol 1973, S. 2 ff. m. w. Nachw.
[28] BGHSt. 25, 246.
[29] BGHSt. 25, 246, 250.

Rückrechnungswert ansteigt (Rückrechnung in der 1. Std. nach Trinkende mit 0,1 ‰, in der 2.Std. mit 0,12 ‰ und in der 3. Std. mit 0,14 ‰)[30]. — Nach Auffassung des BGH[31] darf aber auch nach Resorptionsende bei Rückrechnung i. S. einer „Hochrechnung" für die gesamte Dauer der Eliminationsphase nur noch ein gleichbleibender *Stundenwert von 0,1 ‰* — also nicht eine gestaffelte Rückrechnung — angewendet werden. Dieser Wert stelle den statistisch gesicherten Mindestabbauwert dar, der jede Benachteiligung eines Kraftfahrers ausschließe und von dem ohne Hinzuziehung eines Sachverständigen nicht abgewichen werden dürfe[32].

IV. Reformvorschläge

Der Vorstand des Bundes gegen Alkohol im Straßenverkehr hält eine Reform der Promillegrenzen im gegenwärtigen Verkehrsrecht für dringend erforderlich[33]. Zur Zeit bestünden drei verschiedene rechtlich relevante Promillegrenzen: 1,3 ‰; 0,3 ‰; 0,8 ‰. Die Situation sei für den Laien verwirrend, ja undurchschaubar: Bei der gegenwärtigen Rechtslage könne

a) ein Kraftfahrer mit einem Blutalkoholgehalt von 0,3 ‰ wegen (relativer) Fahruntüchtigkeit bestraft werden,

b) ein anderer mit einem Wert von 0,7 ‰ unbehelligt davonkommen,

c) ein dritter mit einem Wert von 0,8 ‰ wegen (relativer) Fahruntüchtigkeit bestraft und ein vierter mit dem gleichen Wert oder gar mit 1,2 ‰ nur wegen einer Ordnungswidrigkeit belangt werden.

Der Vorstand tritt deshalb für eine Festsetzung des Grenzwertes auf 0,6 ‰ ein.

Geht man von einem internationalen Vergleich aus, so ist zu bedenken, daß die bei uns derzeit gültige 0,8 ‰-Grenze in zahlreichen europäischen Staaten gilt[34], daß aber auch zahlreiche Staaten die 0,5 ‰-Grenze eingeführt haben[35]. Es wäre deshalb zu

[30] 1. BGA-Gutachten 1966, S. 54 f.
[31] BGHSt. 25, 250.
[32] Ebenso 2. BGA-Gutachten 1977, S. 24 ff., 26.
[33] DRiZ 1979, 280 f.
[34] Belgien, Dänemark, Frankreich, Großbritannien, Liechtenstein, Österreich, Portugal, Schweiz, Spanien.
[35] Finnland, Griechenland, Jugoslawien, Niederlande, Norwegen, Schweden.

fragen, ob man sich nicht an den bereits in zahlreichen anderen Staaten praktizierten Werten orientieren sollte.

Zu prüfen bliebe aber auch, ob wirklich sachgerechtere Lösungen zu erwarten wären, wenn die kritisierten Differenzierungen aufgegeben würden: Wollte man an ihrer Stelle eine einheitlich geltende Bestimmung einführen, so müßte man die geltenden Rechtsgrundsätze wohl durch eine für alle Alkoholfahrten geltende lex specialis mit entsprechend weitem Strafrahmen ersetzen. Dann aber würden Fälle von Fahruntüchtigkeit unterhalb des vorzusehenden Grenzwertes nicht mehr erfaßt, und man müßte eine Differenzierung zwischen „abstrakter" Gefährdung durch Fahren mit einem bestimmten Blutalkoholspiegel, „konkret*erer*" Gefährdung durch Fahren in fahruntüchtigem Zustand (§ 316 StGB) und „konkret*er*" Gefährdung i. S. d. § 315 c StGB aufgeben. Es fragt sich aber, ob hier nicht mit der Aufgabe von Möglichkeiten einer sachgerechten Differenzierung ein zu hoher Preis für eine einheitliche Regelung entrichtet würde. Vor einer ähnlichen Problematik steht die Rechtsdogmatik seit langem bei den Fahrlässigkeitsdelikten, bei denen das gefährliche Verhalten nur bestraft wird, wenn es zu einem rechtlich mißbilligten Erfolg geführt hat.

C. Allgemeine Alkoholdelinquenz

I. Schuldfähigkeit

1. Blutalkoholkonzentration und Beurteilung der Schuldfähigkeit

Verbreitet ist eine gewisse Neigung, die Bedeutung der BAK für die Beurteilung der Schuldfähigkeit zu überschätzen. Es sei deshalb nochmals erwähnt, daß entscheidend letztlich nicht die Blutalkoholkonzentration ist, sondern die psychische Verfassung des Täters zur Tatzeit. Läßt sich eine bestimmte Blutalkoholkonzentration zum Tatzeitpunkt ermitteln, so kann man aufgrund der Erfahrung zwar sagen, welche Ausfälle in dem festgestellten Konzentrationsbereich häufig auftreten; aber schon dies ist eine höchst unsichere Feststellung: Die Durchsicht einer größeren Anzahl ärztlicher Befunde in Blutentnahmeprotokollen zeigt, daß hier ganz erhebliche Unterschiede auftreten. Es ist also keineswegs gesagt, daß die Ausfälle, die nach allgemeiner Erfahrung in bestimmten Konzentrationsbereichen häufig anzutreffen sind, auch beim Täter zum Tatzeitpunkt vorgelegen haben. Das ist immer noch aufgrund einer Würdigung des Gesamtgeschehens und der konkret zu ermittelnden Ausfallserscheinungen zu prüfen.

Unter diesen Vorbehalten kann man mit den von der Rechtsprechung diskutierten medizinischen Erfahrungswerten arbeiten, nach denen bei Blutalkoholkonzentrationen von 2 ‰ ab eine erhebliche Beeinträchtigung der Schuldfähigkeit zu diskutieren ist und ab 3 ‰ im allgemeinen ein die Schuldfähigkeit ausschließender Rauschzustand vorliegt. Das schließt aber nicht aus, daß bei Blutalkoholkonzentrationen unter 2 ‰ bereits erheblich verminderte Schuldfähigkeit oder Schuldunfähigkeit gegeben sein kann, ebensowenig, daß bei Werten über 3 ‰ Schuldunfähigkeit noch auszuschließen ist. Im allgemeinen wird sich jedoch bei Werten unter 2 ‰ eine ausführlichere Diskussion der Schuldfähigkeitsfrage erübrigen, und bei Konzentrationen über 3 ‰ wird man deutliche Beweisanzeichen fordern müssen, um eine alkoholbedingte Schuldunfähigkeit mit der erforderlichen Sicherheit ausschließen zu können. Bei Werten zwischen 2 ‰ und 2,5 ‰ ist zwar die Frage der erheblich verminderten Schuldfähigkeit zu diskutieren; es ist aber durchaus möglich — vor allem bei nur geringfügig über 2 ‰ liegenden Werten — daß eine „erhebliche" Beeinträchtigung noch auszuschließen ist. Ähnlich ist bei Werten über 2,5 ‰ zwar die Frage der alkoholbedingten Schuldunfähigkeit zu erörtern; aber auch hier ist häufig ein Vollrausch noch auszuschließen.

Eine weitere Relativierung der Bedeutung von „Promillewerten" ergibt sich daraus, daß immer mit der Möglichkeit abnormer Alkoholwirkungen gerechnet werden muß: Es kann infolge von Alkoholintoleranz schon bei ungewöhnlich niedrigen Blutalkoholkonzentrationen zu erheblicher Trunkenheit, zu „Volltrunkenheit", aber auch zu „abnormen Rauschzuständen" kommen, in denen eine erhebliche Verminderung der Schuldfähigkeit oder Schuldunfähigkeit vorliegt. Mit solchen abnormen Alkoholwirkungen ist z. B. zu rechnen nach Einnahme von Medikamenten, bei Hirngeschädigten oder chronischen Alkoholikern. Abnorme Reaktionen sind in solchen Fällen jedoch keineswegs regelmäßig zu erwarten; es muß immer von Fall zu Fall geprüft werden, ob tatsächlich schwerere psychische Alterationen vorliegen. Die bloße Medikamenteneinnahme mit Alkoholkonsum oder ein Schädelhirntrauma in der Vorgeschichte allein besagt wenig. Andererseits gibt es auch Fälle von Alkoholintoleranz, ohne daß die Vorgeschichte entsprechende Hinweise bietet.

Es besteht also schon dort, wo eine bestimmte Blutalkoholkonzentration zum Tatzeitpunkt feststellbar ist, ein ganz erheblicher Beurteilungsspielraum. Sehr häufig läßt sich aber bei allgemeiner Alkoholdelinquenz die Blutalkoholkonzentration zum Tatzeitpunkt nicht zuverlässig feststellen, weil der Täter viel später gefaßt wird.

Liegt der Tatzeitpunkt so weit zurück, daß eine Blutentnahme nicht mehr sinnvoll erscheint, so lassen sich aus Angaben des Täters über seinen Alkoholkonsum oft ohne weiteres Blutalkoholkonzentrationen von erheblich über 3 ‰ errechnen. Es wäre sinnlos, solche aufgrund problematischer Angaben errechenbaren Werte zur Grundlage einer Diskussion über die Schuldfähigkeit zu machen. Hier kann man nur davon ausgehen, daß über die Blutalkoholkonzentration keine zuverlässigen Informationen vorliegen, die als Beurteilungsgrundlage dienen könnten. Ähnliches gilt für Blutalkoholkonzentrationen, die aus Blutentnahmewerten bei Zugrundelegung problematischer „maximaler Rückrechnungswerte" ermittelt werden. Anders ist es, wenn feststeht, daß der Täter vor der Tat nur geringe Alkoholmengen zu sich genommen hat oder wenn — bei geringem zeitlichen Abstand zwischen Blutentnahme und Vorfall — nur relativ niedrige Maximalwerte zu errechnen sind: Hier kann man davon ausgehen, daß der berechenbare Wert auf jeden Fall nicht überschritten worden sein kann.

Die Blutalkoholkonzentration, und zumal eine auf problematische Weise errechenbare mögliche Maximalkonzentration, kann also für die Beurteilung der Schuldfähigkeit immer nur untergeordnete Bedeutung haben. Letztlich entscheidend bleibt die psychische Verfassung des Täters zur Tatzeit.

2. Psychopathologische Kriterien

Die Schuldfähigkeit kann nur unter Berücksichtigung der Primärpersönlichkeit und im Zusammenhang mit dem gesamten Tatgeschehen unter Berücksichtigung des Alkoholisierungsgrades beurteilt werden. Soweit nicht schon die Primärpersönlichkeit zu Zweifeln an der vollen strafrechtlichen Verantwortlichkeit Anlaß gibt, kommt es wesentlich auf das Ausmaß der *alkoholbedingten Persönlichkeitsveränderungen* an. Sie lassen sich unter Berücksichtigung der eingangs geschilderten Trunkenheitszeichen grob abschätzen. Weitere Anhaltspunkte ergeben sich daraus, ob und inwieweit der Täter sich vor, während und nach der Tat situationsangemessen verhalten hat oder Augenblicksregungen gefolgt ist. Ein wesentliches Beweisanzeichen für erhalten gebliebenes

„Hemmungsvermögen“ hat die Rechtsprechung z. B. in der Fähigkeit des Täters gesehen, „das Ziel zur planvollen Linie seines Gesamtverhaltens zu machen und gegen alle Widerstände, d. h. Zustände und Vorgänge sowohl seiner inneren wie der äußeren Welt durchzusetzen“[36]. Gewisse Hinweise ergeben sich auch daraus, ob die Tat der bisherigen lebensgeschichtlichen Entwicklung und Persönlichkeitshaltung entspricht oder nicht.

3. Fragen begrifflicher Zuordnung

Für die Beurteilung der Schuldfähigkeit ist es irrelevant, ob der Intoxikationszustand als „normaler Rausch“, als „einfacher Vollrausch“, als „pathologischer“, „epileptoider“ oder als „dämmriger Rausch“ bezeichnet wird. Entscheidend kommt es nur auf das Ausmaß der psychischen Alterationen, nicht auf die begriffliche Etikettierung an.

Die *Psychiatrie* ordnet die Alkoholintoxikation den *„akuten exogenen Psychosen“* zu, also Krankheitszuständen, auf die der im Gesetzestext angeführte Begriff der *„krankhaften seelischen Störung“* anzuwenden wäre. Während aber die „Bewußtseinsstörung“ in der klinischen Psychiatrie gerade als „Leitsymptom“ der „exogenen Psychose“ gilt, hat der Gesetzgeber bei den in §§ 20, 21 StGB aufgeführten „tiefgreifenden Bewußtseinsstörungen“ wohl nicht primär an Krankheitszustände im psychiatrischen Sinne oder an Intoxikationspsychosen gedacht, sondern an die „nicht krankhaften“ Störungen, insbesondere die „psychogenen Bewußtseinsstörungen“, von denen vor allem bei Affekttaten die Rede ist.

Die Alkoholintoxikation läßt sich danach wohl ebenso unter den Begriff der „krankhaften seelischen Störung“ wie unter den der „tiefgreifenden Bewußtseinsstörung“ subsumieren. Für die Beurteilung der Schuldfähigkeit in den §§ 20, 21 StGB genügt es festzustellen, daß man mit gleicher Berechtigung den einen oder den anderen oder auch beide Begriffe anwenden könnte. Entscheidend kommt es nur darauf an, an dem Ausmaß der psychischen Alteration abzuschätzen, ob und inwieweit die Fähigkeiten zur Unrechtseinsicht oder zum einsichtsgemäßen Handeln betroffen sind.

[36] OLG Hamm NJW 1959, 1979.

II. Der „Vollrauschtatbestand" des § 323 a StGB

1. Ratio legis

Heute ist wohl unstreitig, daß der Strafgrund des § 323 a StGB nicht die Unmäßigkeit im Alkoholgenuß ist, sondern die Gefährlichkeit des Rausches, die sich jederzeit in mit Strafe bedrohten Handlungen aktualisieren kann. Eine Bestrafung wird allerdings nur dann gefordert, wenn in diesem Zustand eine Handlung begangen wird, die strafbar wäre, wenn kein Intoxikationszustand vorgelegen hätte[37].

Aus dem Zweck des § 323 a, eine Strafbarkeitslücke zu schließen, hat die Rechtsprechung gefolgert, daß es sich um eine „Auffangstrafdrohung" handelt, die immer dann eingreift, wenn der Betrunkene nicht aus der für die Rauschtat geltenden Vorschrift bestraft werden kann. Deshalb spielt es für die Strafwürdigkeit keine Rolle, ob der Täter bei der Rauschtat mit Gewißheit oder nur möglicherweise schuldunfähig ist[38]. Mit der Neufassung des Gesetzestextes war nur eine Anpassung an diese Rechtsprechung beabsichtigt[39].

2. Probleme des „äußeren Tatbestandes"

Der „äußere Tatbestand" des § 323 a erfordert, daß Schuldunfähigkeit vorliegt oder nicht auszuschließen ist; dies muß nach dem Gesetzestext Folge eines „Rausches" sein, der durch die Einnahme alkoholischer Getränke oder anderer „berauschender Mittel" bewirkt wurde.

a) Kausalitätsfragen

Die Bestrafung nach § 323 a StGB setzt also zunächst voraus, daß der Täter *durch die „Rauschmittel"* (möglicherweise) schuldunfähig geworden ist. Das schließt zwar nicht aus, daß auch andere Umstände (Alkoholintoleranz, Medikamente) mitgewirkt haben; erforderlich ist jedoch, daß der Alkohol nicht nur eine untergeordnete Rolle gespielt hat, etwa weil die Schuldunfähigkeit

[37] *Cramer*, Der Vollrauschtatbestand als abstraktes Gefährdungsdelikt, 1962, S. 31 ff.; BGHSt. 16, 124, 126. Die Frage, ob es sich um ein abstraktes oder um ein konkretes Gefährdungsdelikt handelt, ist noch nicht völlig ausdiskutiert; sie wird in dem Referat von *Hirsch* erörtert.

[38] BGHSt. 9, 390, 398.

[39] BT-Drucks. 7/555, S. 268.

überwiegend auf anderen Umständen (z. B. Schädelhirntrauma) beruhte[40].

Da sich nach ärztlicher Erfahrung auch leichte Schädelhirntraumen u. U. bei Alkoholisierten weit nachhaltiger auf die psychische Verfassung auswirken, können sich zwar in der Praxis erhebliche Schwierigkeiten ergeben; im Prinzip erscheint jedoch die Auffassung vertretbar, daß eine durch traumatische Einwirkungen mitbedingte Schuldunfähigkeit nach der ratio legis nicht von § 323 a StGB erfaßt wird.

Kaum lösbare Probleme ergeben sich aber, wenn man diese traumatischen Einwirkungen der Einnahme von Schlaf- und Schmerzmitteln oder Psychopharmaka gleichsetzt, wozu die Rechtsprechung z. T. neigt[41]. Dann steht man vor der Frage, was unter „berauschenden Mitteln" und was unter einem „Rausch" i. S. des § 323 a StGB zu verstehen ist.

b) „Rausch" und „berauschende Mittel"

Das Gesetz sagt nicht, was unter „berauschenden Mitteln" im einzelnen zu verstehen ist. Im juristischen Schrifttum wird darauf hingewiesen, daß Heil-, Schmerz- und Schlafmittel im Einzelfall auch „zur Berauschung" eingenommen werden könnten und dann als „Rauschmittel" i. S. d. § 323 a StGB aufzufassen seien[42]. Das entspricht den ärztlichen Erfahrungen, insbesondere mit polytrop Süchtigen und „Umsteigern"..

Lay bemerkt dazu, die Einnahme zu Heilzwecken oder wissenschaftlichen Selbstversuchen sei „nicht tatbestandsmäßig"[43].

[40] Hier ist im einzelnen vieles umstritten, insbesondere in der Akzentuierung: z. T. wird für die Anwendbarkeit des § 323 a gefordert, daß der Täter in erster Linie durch die Rauschmittel zurechnungsunfähig geworden ist. Eine reine Ursächlichkeit der Intoxikation i. S. einer „conditio sine qua non" scheint jedenfalls nach überwiegender Meinung nicht auszureichen. Danach ist § 323 a StGB jedenfalls dann nicht anwendbar, wenn die Zurechnungsunfähigkeit z. B. auf äußeren Umständen beruht, etwa auf einem Schlag, der zu einer Gehirnerschütterung geführt hat (BGHSt. 22, 8, 11; vgl. im einzelnen: *Schönke/Schröder/Cramer*, 19. Aufl. 1978, § 330 a Anm. 9).

[41] BayObLG VRS 15, 202 (1958).

[42] Vgl. *Lay*, LK, 9. Aufl. 1973, § 330 a Anm. 21; *Schönke/Schröder/Cramer*, § 330 a Anm. 7.

[43] Vgl. *Lay* (Anm. 42), „Wenn solche Mittel auch im allgemeinen zu Heilzwecken und zur Schmerzstillung dienen, so können sie doch im Einzelfall zur Berauschung in dem angegebenen Sinn verwendet wer-

Danach wäre die Feststellung, ob ein „berauschendes Mittel“ genommen wurde, nur bei Alkohol und eindeutigen Rauschmitteln nach objektiven pharmakologischen Eigenschaften des Mittels zu treffen, bei anderen Mitteln dagegen vorwiegend nach den subjektiven Intentionen dessen, der sie einnimmt. Aber die Einnahme „zur Berauschung“ ist schwer nachweisbar, und allzu leicht läßt sich die Einnahme zu Heilzwecken unwiderlegbar behaupten; man braucht nur Kopf- oder Zahnweh, Schlaflosigkeit oder Nervosität anzugeben. Die Rechtsdogmatik müßte hier zudem ein sehr problematisches „subjektives Element“ in den objektiven Tatbestand hineininterpretieren: Entweder müßte man die Absicht, das Medikament „zur Berauschung“ einzunehmen, als eine Art „subjektives Unrechtselement“ auffassen oder man müßte die Absicht, das Medikament zu Heil- oder Versuchszwecken zu benutzen, als „Tatbestandsausschließungsgrund“ ansehen. Dies aber würde nur für einige Mitteln gelten, für andere, z. B. für Alkohol, dagegen nicht.

Es wäre überdies nur schwer mit der Logik zu vereinbaren, bei gleichen Medikamenten mit gleicher pharmakologischer Wirkung den in „Berauschungsabsicht“ herbeigeführten Zustand als „Rausch“ i. S. des § 323 a StGB zu bezeichnen, den ohne jene Absicht mit genau dem gleichen Medikament herbeigeführten gleichen Zustand dagegen als „Nicht-Rausch“ zu qualifizieren.

Zudem wird der Begriff des „Rausches“ in der Medizin ganz unsystematisch verwendet; ob man ihn gebraucht, ist — gemessen an den juristischen Überlegungen zu § 323 a StGB — reiner Zufall, und unter Ärzten ist es nahezu eine bloße Geschmacksfrage, ob man von einem Rausch spricht oder nicht. Mit der ratio legis des § 323 a StGB hat das jedenfalls nichts zu tun.

Demnach kann es nur der ratio legis entsprechen, die objektiv-tatbestandsmäßige Handlung darin zu sehen, daß der Täter sich in den Zustand möglicher Schuldunfähigkeit versetzt, indem er Mittel einnimmt, die diesen Zustand durch ihre pharmakologische Wirkung herbeiführen. Ob der Gesetzeswortlaut es verbietet, diesen Zustand als „Rausch“ und die Mittel als „Rauschmittel“ zu bezeichnen, wäre eine Rechtsfrage; jedenfalls fordern Sinn und

den. Wer aber solche Mittel zu Heilzwecken oder zu wissenschaftlichen Selbstversuchen zu sich nimmt, ‚genießt‘ sie nicht, er handelt nicht tatbestandsmäßig“.

Zweck diese Auslegung[44]. Eine unangemessene Ausweitung der Strafbestimmung wäre bei dieser Interpretation nicht zu befürchten, wenn man die Möglichkeiten der Rechtfertigung und die Verschuldensfrage berücksichtigt.

c) Sicherer Nachweis des „Rausches" durch Nachweis erheblich verminderter Schuldfähigkeit oder Fahruntüchtigkeit?

Ein sicherer Nachweis der Schuldfähigkeit wird zwar für die Anwendbarkeit des § 323 a StGB nicht mehr gefordert; es genügt, daß Schuldunfähigkeit nicht auszuschließen ist. Diese vom Gesetz übernommene Interpretation durch den BGH hat den forensisch-medizinischen Beweisschwierigkeiten Rechnung getragen. Die Rechtsprechung sieht sich jedoch in der Berücksichtigung derartiger Beweisschwierigkeiten vor einer problematischen Grenze: Sie hat wiederholt die Auffassung vertreten, daß eine Bestrafung nach § 323 a StGB nur möglich sei, wenn feststeht, daß die Schuldfähigkeit zumindest erheblich vermindert war, nicht dagegen, wenn die Möglichkeit, der Täter könnte noch voll schuldfähig gewesen sein, nicht auszuschließen ist[45]. Das Bayerische Oberste Landesgericht führte zur Begründung an, Voraussetzung für die Anwendbarkeit des (früheren) § 330 a StGB sei der sichere Nachweis eines „Rausches".

Dreher/Tröndle[46] wenden ein, es wäre kriminalpolitisch unverständlich und mit dem Charakter der Vorschrift als Auffang-

[44] Vgl. im einzelnen: *Schewe*, Blutalkohol 1976, S. 87 ff.; anderer Auffassung: OLG Karlsruhe, Blutalkohol 1979, S. 59 m. Anm. v. *Schewe*. Die oben im Text vertretene Auffassung wird geteilt vom OLG Frankfurt (Urteil vom 7. 3. 1979, Az.: 2 Ss 23/79). Ähnlich OLG Schleswig (Urteil vom 5. 2. 1976, Az.: 2 Ss 478/76) in bezug auf den Begriff der „„berauschenden Mittel" i. S. d. § 315 c Abs. 1 Satz 1 a, § 316: Dazu gehörten auch Medikamente, die durch Einfluß auf das Zentralnervensystem eine berauschende oder betäubende Wirkung hätten. Es komme weder darauf an, ob sie zu den Rauschgiften i. S. des Betäubungsmittelgesetzes gehörten noch, ob sie mit der Absicht eingenommen würden, einen Rausch oder andere lustbetonte Empfindungen hervorzurufen. — Das OLG Hamburg hatte die Problematik dadurch gelöst, daß es das Medikament Distraneurin zu den „berauschenden Mitteln" rechnete, weil es auch eine berauschende Wirkung haben könne und weil der Angeklagte „die Möglichkeit berauschender Eigenschaften der Tabletten billigend in Kauf genommen" habe (Blutalkohol 1975, 211).

[45] Zuletzt: BayObLG JR 1978, 208 ff. m. w. Nachw. in der Anm. v. *Montenbruck*, ebd.

[46] *Dreher/Tröndle*, StGB 39. Aufl. 1980, § 330 a Anm. 5 m. w. Nachw.

tatbestand unvereinbar, wenn das Gericht den Täter zwar bei Zweifeln zwischen § 20 und § 21 StGB nach § 323 a StGB verurteilte, ihn aber bei Zweifeln zwischen § 20/21 StGB einerseits und voller Schuldfähigkeit andererseits freispreche.

Montenbruck[47] bemerkt, daß sich hier eine unbefriedigende „Strafbarkeitslücke" infolge einer „doppelten Anwendung des Satzes ‚in dubio pro reo'" ergebe. Dabei wird insbesondere an die Fälle des behaupteten, aber nicht bewiesenen Nachtrunks bei Unfallflucht gedacht: Geht man davon aus, daß der Täter einen Nachtrunk angibt, so läßt sich oft nicht beweisen, daß die Schuldfähigkeit zum Vorfallszeitpunkt erheblich vermindert war. Konzediert man andererseits die Möglichkeit, daß der Nachtrunk nicht sicher genug erwiesen sei, so läßt sich häufig auch die alkoholbedingte Schuldunfähigkeit nicht ausschließen. Nach der Rechtsprechung müßte dann Freispruch erfolgen.

Vielleicht sind derartige Konstellationen bisher nicht häufig vorgekommen — sie lassen sich jedoch u. U. leicht durch entsprechende Einlassungen manipulieren, so daß die Vermutung naheliegt, die einschlägige Rechtsprechung habe sich noch nicht herumgesprochen.

Sehr bald stünde man dann vor kaum lösbaren Schwierigkeiten: Schon aufgrund unterschiedlicher Rückrechnungswerte ergeben sich nicht selten erhebliche Differenzen zwischen möglicher Mindest-BAK und möglicher Maximal-BAK. In weit höherem Maße gilt das noch für Fälle, in denen keine Blutentnahme durchgeführt wurde und die Tatzeit-BAK aufgrund zweifelhafter Angaben über Trinkmengen berechnet werden soll. Schon deshalb würde vielfach der sichere Nachweis einer erheblichen Verminderung der Schuldfähigkeit mißlingen. Hinzu kommt, daß auch in höheren Konzentrationsbereichen häufig nur gesagt werden kann, eine erhebliche Verminderung oder Aufhebung der Schuldfähigkeit lasse sich nicht mit der erforderlichen Sicherheit ausschließen. Der sichere Nachweis verminderter Schuldfähigkeit dagegen würde — selbst bei Nachweis höherer Blutalkoholkonzentrationen — nicht selten auf Schwierigkeiten stoßen.

Montenbruck[48] geht bei seinem Lösungsvorschlag von dem im Gesetzestext verwendeten Begriff des „Rausches" aus, dem auch

[47] A. a. O. (Anm. 45) sowie: GA 1978, 225 ff.
[48] A. a. O. (Anm. 45).

das Bayerische Oberste Landesgericht in seiner Begründung entscheidende Bedeutung einräumt, und versucht, die unbefriedigende Strafbarkeitslücke durch extensive Interpretation des „Rausch“-Begriffs zu schließen: Nach dem Wortlaut des Gesetzes bedürfe es nicht des Nachweises einer erheblich verminderten Schuldfähigkeit; es genüge der Nachweis eines „Rausches“. Dieser Nachweis könne aber nach den gleichen Grundsätzen geführt werden wie der Beweis alkoholbedingter Fahruntüchtigkeit; denn wer alkoholbedingt fahruntüchtig sei, habe nach dem allgemeinen Sprachgebrauch einen „Rausch“.

Zunächst ergibt sich hier vom verbalen Anschein her ein unglücklicher Gegensatz zu der bisherigen verkehrsmedizinischen und verkehrsrechtlichen Aufklärungsarbeit, durch die die Bevölkerung immer wieder darauf hingewiesen wird, daß man beileibe nicht erst dann fahruntüchtig ist, wenn man einen „Rausch“ hat, sondern daß das Stadium der alkoholbedingten Fahruntüchtigkeit schon weit eher (u. U. schon bei 0,3 ‰) erreicht ist. — Berücksichtigt man weiter, daß auch in vielen Fällen „absoluter Fahruntüchtigkeit“, in denen die Blutprobe eine BAK von über 1,3 ‰ aufweist, sogar bei der ärztlichen Untersuchung anläßlich der Blutentnahme keinerlei Ausfälle feststellbar sind und daß die Erkenntnisse über die alkoholbedingte „absolute Fahruntüchtigkeit“ sich im wesentlichen auf diskretere, nur in Tests erkennbare Ausfälle sowie auf die Veränderungen der Gesamtpersönlichkeit stützen, so ergeben sich auch aus diesem Grund Bedenken dagegen, den Begriff des „Rausches“ in § 323 a StGB mit alkoholbedingter Fahruntüchtigkeit gleichzusetzen, gleichgültig, ob man nun an Blutalkoholkonzentrationen oberhalb des Grenzwertes der „absoluten Fahruntüchtigkeit“ oder an die Grundsätze über den Nachweis der „relativen Fahruntüchtigkeit“ denkt.

Die Schwierigkeiten ergeben sich auch hier aus dem im Gesetzestext verwendeten Begriff des „Rausches“: Man sieht darin ein unerläßliches Tatbestandsmerkmal des § 323 a StGB und fordert den sicheren Nachweis. Es bedarf deshalb wiederum einer genaueren Untersuchung der Bedeutung dieses Begriffs — aber in anderem Sinne als im vorigen Abschnitt.

Während es bei den Arzneimittelintoxikationen um das „qualitative“ Problem ging, ob sie überhaupt als „Rauschmittel“ einen „Rausch“ i. S. des § 323 a StGB bewirken können, handelt es sich hier um ein *quantitatives* Problem, das sich nicht nur bei den

Arzneimitteln, sondern auch schon beim Alkohol stellt: Ist Voraussetzung für die Anwendbarkeit des § 323 a StGB, daß bei möglicher alkoholbedingter Schuldunfähigkeit mindestens ein „Rausch" nachgewiesen wird, und ist dazu der sichere Nachweis zumindest einer alkoholbedingten erheblichen Verminderung der Schuldfähigkeit erforderlich?

Die Frage ist, warum man gerade in einem der erheblich verminderten Schuldfähigkeit entsprechenden Alkoholisierungsgrad ein Äquivalent des „Rausch-Begriffs" sehen sollte und warum man sich nicht auch mit einem geringeren Intoxikationsgrad begnügen könnte. — *Montenbruck* ist sicher zuzugeben, daß nach allgemeinem Sprachgebrauch von einem „Rausch" nicht erst dann die Rede ist, wenn die Alkoholisierung das Ausmaß einer „erheblich verminderten Schuldfähigkeit" erreicht hat, und daß man sich zum Nachweis eines „Rausches" i. S. des Sprachgebrauches auch mit dem Nachweis eines minderen Intoxikationsgrades begnügen könnte. Nur — wenn *Montenbruck* bereits die alkoholbedingte Fahruntüchtigkeit genügen lassen will, dann fragt es sich, ob dies wirklich noch ein „Äquivalent" des in § 323 a StGB aufgeführten „Rausches" sein kann: Handelt es sich nicht vielmehr um ein bloßes Surrogat?

Damit drängt sich die Frage auf, ob und warum man überhaupt einen „Mindest-Alkoholisierungsgrad" als Äquivalent des Rausch-Begriffs fordern und auf dem sicheren Nachweis bestehen sollte: Welchen Sinn könnte es haben, einerseits Unsicherheiten über die Schuldunfähigkeit mit § 323 a StGB „aufzufangen", andererseits aber den sicheren Nachweis eines irgendwie gearteten, schon bei der Alkoholintoxikation nach sachlichen Kriterien kaum bestimmbaren „Mindest-Intoxikationsgrades" zu fordern, auf den sich ein — ebenfalls kaum bestimmbarer — Begriff des „Rausches" anwenden ließe?

Die Frage ist, ob irgendein „Mindest-Intoxikationsgrad" tatsächlich nach der ratio legis zu den sicher nachzuweisenden tatbestandlichen Voraussetzungen des § 323 a StGB gehört oder ob er nicht ebenfalls gerade dem Bereich jener Ungewißheiten zuzuordnen ist, die mit der „Auffangstrafdrohung" erfaßt werden sollten. — Der Grund dafür, einen Mindest-Intoxikationsgrad als Tatbestandsmerkmal zu fordern, kann nur darin liegen, daß die Norm ausschließlich die Herbeiführung möglicher Schuldunfähigkeit durch Einnahme entsprechender Mittel erfassen und alle anderen Ursachen oder Ungewißheiten hinsichtlich anderer Ursachen nicht unter den „Auffangtatbestand“, sondern unter die allgemeinen Regeln für das „non liquet“ einordnen wollte. Wenn aber alle anderen denkbaren Umstände außer der vom Gesetz mißbilligten Einnahme ausscheiden, so bleibt nur die Möglichkeit, daß der Täter sich durch Einnahme von Mitteln mit entsprechender Wirkung schuldunfähig gemacht haben könnte.

Dann könnte er nur entweder im Zustande der Schuldunfähigkeit den „Gefährdungstatbestand“ des § 323 a StGB verwirklicht haben oder aber — bei Schuldfähigkeit oder verminderter Schuldfähigkeit — einen der „Verletzungstatbestände“, denen § 323 a StGB als „Gefährdungstatbestand“ generell vorgeschaltet ist, wobei nach h. L. die „Gesamtheit der Rechtsgüter durch § 323 a StGB vor Gefährdungen geschützt werden soll“[49]. Nach der ratio legis müßten dann aber auch die Fälle, in denen die Verwirklichung des Gefährdungstatbestandes als einzige Alternative gegenüber der Verwirklichung des „Verletzungstatbestandes“ in Betracht kommt, unter den „Auffangtatbestand“ des § 323 a StGB subsumiert werden.

Es muß allerdings zugegeben werden, daß dies Überlegungen vorwiegend der Praktikabilität sind, die der rechtsdogmatischen Überprüfung unter ganz anderen Aspekten bedürfen[50]. Nur ein Gefahrenpunkt sei hier erwähnt, weil er zugleich medizinische Fragen berührt: Je weiter man das Erfordernis einschränkt, einen „Mindest-Intoxikationsgrad“ sicher nachzuweisen, desto problematischer wird der Nachweis der Fahrlässigkeit; denn wenn man „mögliche Schuldunfähigkeit“ genügen ließe, ohne zur Feststellung der Tatbestandsmäßigkeit die sichere Feststellung eines „Mindest-Intoxikationsgrades“ zu fordern, dann würde sich die Fahrlässigkeit nicht mehr auf den „Rausch“ oder sein Äquivalent beziehen, sondern nur noch auf die „mögliche Schuldunfähigkeit“. Das würde insbesondere dann Probleme aufwerfen, wenn Intoxikationen nicht durch Alkohol oder „Rauschmittel“ i. e. S., sondern durch Medikamente zur Diskussion stehen.

[49] *Montenbruck*, GA 1978, 233.

[50] Man gerät hier in einen Problemkreis, der durch die Stichworte „Tatsachenalternativität“, „Wahlfeststellung“, „Verhältnis von Auffangtatbestand und entsprechender Anwendung des Grundsatzes ‚in dubio pro reo‘“, „Identität des Unrechtskerns“, „Theorie des Mindestschuldvorwurfs“ in der rechtsdogmatischen Diskussion grob charakterisiert werden kann. Dazu vgl. ausführlich: *Tröndle*, LK, 10. Aufl. 1978, § 330 a Rdn. 68, 88 ff.

Es entspricht zwar der herrschenden Meinung, daß § 323 a StGB nicht Genußsucht und Unmäßigkeit, sondern die Gefährdung der Rechtsgüterordnung durch selbst herbeigeführte Schuldunfähigkeit unter Strafe stellen soll. Aber das Moment der „Mißbräuchlichkeit“ bestimmt gleichwohl in abgewandelter Form die Diskussion über die Tatbestandsmäßigkeit — nämlich dort, wo es um die Definition der „berauschenden Mittel“ und des „Rausches“ geht. Es spricht manches dafür, die „Berauschungsabsicht“ oder Mißbräuchlichkeit aus der „objektiven Tatbestandsmäßigkeit“ zu eliminieren; aber dann wäre zu überlegen, ob man diese Momente nicht bei der Feststellung der Fahrlässigkeit durch entsprechende Würdigung der gesamten Umstände der Einnahme berücksichtigen sollte.

3. Probleme des „inneren Tatbestandes“

a) Schuldfähigkeit vor Alkoholaufnahme

Zum „inneren Tatbestand“ ist erforderlich, daß der Täter sich schuldhaft in den Zustand sicherer oder möglicher Schuldunfähigkeit versetzt hat. Das setzt voraus, daß er nicht schon vorher schuldunfähig gewesen ist[51], etwa infolge Geisteskrankheit oder schwerer Hirnschädigung durch chronischen Alkoholismus.

Fehlt es wegen Schuldunfähigkeit am Verschulden, dann entfällt allerdings damit zugleich die objektive Tatbestandsmäßigkeit, weil ein Schuldunfähiger sich nicht mehr in diesen Zustand versetzen kann. Möglich wäre dann eine Unterbringung in einem psychiatrischen Krankenhaus, falls die entsprechenden Voraussetzungen vorliegen. Das gilt auch dann, wenn der Täter wegen Trunksucht für das „Sich-Berauschen“ zurechnungsunfähig ist und die Unterbringung in einer Entziehungsanstalt keinen Erfolg verspricht (vgl. §§ 64, 63 StGB).

b) Fahrlässigkeit

Zum „subjektiven Tatbestand“ ist weiter erforderlich, daß der Täter sich vorsätzlich oder fahrlässig berauscht hat. Beim „pathologischen Rausch“ bedarf die Fahrlässigkeit besonders sorgfältiger Prüfung, weil hier bereits geringe Alkoholmengen zur Schuldunfähigkeit führen können[52]; gleiches gilt, wenn andere

[51] *Schönke/Schröder/Cramer*, § 330 a, Anm. 12.

[52] BGHSt. 1, 199.

Faktoren wie Medikamenteneinfluß oder Erregungszustände mitwirken[53].

Sachverständige werden bei abnormen Räuschen oder Alkoholintoleranz oft nach der Fahrlässigkeit gefragt. Im Grunde ist das aber keine Sachverständigenfrage, sondern muß „aus der medizinischen Laienperspektive des Täters" beurteilt werden. Dabei ist entscheidend, ob der Betreffende tatsächlich nach geringen Trinkmengen schon schuldunfähig geworden ist und ob er seine Alkoholintoleranz kannte oder kennen mußte. Auch bei der Fahrlässigkeit neigt die Rechtsprechung dazu — ähnlich wie bei der Frage der Schuldfähigkeit — weniger auf Trinkmengen als auf den „Promillewert" abzustellen; z. B. wird in einer BGH-Entscheidung die Fahrlässigkeit bei einer BAK von 2,68—2,74 ‰ bezweifelt, weil der Blutalkoholgehalt nicht unerheblich unter der Grenze gelegen habe, bei der stets Zurechnungsunfähigkeit eintrete[54]. Zu berücksichtigen wäre aber, daß es für die Beurteilung der Fahrlässigkeit weniger auf die Blutalkoholkonzentration als auf die Trinkmenge ankommt; diese hängt aber ganz wesentlich auch vom Körpergewicht ab.

4. Die „Rauschtat"

Zur Strafbarkeit nach § 323 a StGB ist weiter erforderlich, daß der Täter in schuldunfähigem oder möglicherweise schuldunfähigem Zustand eine „rechtswidrige Tat" („Rauschtat") begeht. Auch hier fordert die Rechtsprechung, daß der Täter „im Rausch" das äußere Bild eines Straftatbestandes verwirklicht hat. Das muß durch eine „Handlung" geschehen sein. Bei starker Trunkenheit ergeben sich hier gelegentlich Sachverständigendebatten darüber, ob überhaupt eine „Handlung" vorgelegen habe.

a) „Handlungsunfähigkeit" bei „sinnloser Trunkenheit" als Sachverständigenfrage?

„Zwangshandlungen", „Reflexbewegungen", Erbrechen oder Torkeln gelten nach herrschender Meinung als juristisch irrelevante „Nicht-Handlungen"; nur solche Körperbewegungen sollen juristisch relevant sein, die auf einem „natürlichen Willen" beruhen und deshalb als „Handlungen" bezeichnet werden. Die „Nicht-Handlungen" sollen ebenso wie die Tötung eines Menschen durch

[53] BGH NJW 1967, 298.
[54] BGH NJW 1967, 298.

Blitzschlag oder Erdbeben von vornherein von jeder juristischen Erörterung ausgeschlossen sein[55].

Sachverständige werden nicht selten gefragt, ob der Delinquent möglicherweise infolge „sinnloser Trunkenheit" außerstande war, einen „natürlichen Handlungswillen" zu betätigen. Dann müßte er „mangels Handlung" freigesprochen werden und könnte nicht, wie bei Zurechnungsunfähigkeit infolge Volltrunkenheit, nach § 323 a StGB bestraft werden. Rechtsdogmatische Konstruktionen erfordern hier also eine recht problematische „Differentialdiagnose" zwischen „Schuldunfähigkeit wegen Volltrunkenheit" und „Handlungsunfähigkeit wegen sinnloser Trunkenheit"[56]. Diskussionen darüber erwecken fast den Eindruck, es ginge um eine Art „Super-Schuldunfähigkeit"[57].

Eigentlich soll hier aber entschieden werden, ob ein Gericht den Vorgang überhaupt wie Erdbeben oder Blitzschlag von jeder juristischen Erörterung ausschließen muß. Daß dabei bereits medizinische oder psychologische Sachverständigenfragen auftreten können, legt die Vermutung nahe, hier stimme etwas nicht mit dem juristischen Handlungsbegriff. Es handelt sich aber nicht primär um eine Frage der Tatsachenfeststellung auf der Ebene des Sachverständigenbeweises, sondern um ein Problem auf der Ebene abstrakt-normativer juristischer Begriffsbildung, das die Rechtsdogmatik zu lösen hätte — allerdings unter Berücksichtigung medizinischer und psychologischer Zusammenhänge.

b) Medizinische Probleme bei der Feststellung von „Absicht", Vorsatz und Fahrlässigkeit

Sehr umstritten ist die Frage, inwieweit im übrigen bei der Straftat neben der äußeren Tatbestandsverwirklichung eine bestimmte „Absicht" oder ein dem Vorsatz oder der Fahrlässigkeit entsprechender „subjektiver Tatbestand" festgestellt werden muß.

[55] Vgl. im einzelnen: *Schönke/Schröder/Cramer*, § 330 a Anm. 14; zur Kritik vgl. *Schewe*, Die „Finalität" (regulative Plastizität) bei „unbewußten" Bewegungsabläufen und das Problem der strafrechtlichen Abgrenzung von „Handlungen" und „Reflexbewegungen", Med. Welt 23 (1972), 824; *Schewe*, Reflexbewegung, Handlung, Vorsatz, 1962. — *Jacobs*, Vermeidbares Verhalten und Strafrechtssystem, in: Festschrift für Welzel, 1974, S. 307 ff., sucht deshalb nach einem neuen Weg und stellt auf die „Vermeidbarkeit" ab.

[56] BGHSt. 1, 124, 126 f.

[57] So etwa bei *Krumme*, Urteilsanmerkung, Blutalkohol 1965, S. 32 f.

Das Gesetz fordert in gewissem Umfang die Berücksichtigung des Deliktcharakters der im Rausch begangenen Tat, der aber häufig nur bestimmt werden kann, wenn man weiß, was der Täter wollte. Nach Rechtsprechung und herrschender Lehre müßte dementsprechend die Absicht, der Vorsatz oder die Fahrlässigkeit auch bei der Rauschtat festgestellt werden, soweit das für deren juristische Qualifikation erforderlich und nach dem Zustand des Täters möglich ist.

Der Irrtum des Berauschten über einen Tatumstand soll grundsätzlich, wie sonst beim Zurechnungsfähigen, den Vorsatz ausschließen, so daß Bestrafung nach § 323 a StGB nur möglich ist, wenn Fahrlässigkeit für die Rauschtat ausreichen würde. Der Rauschtäter bliebe also z. B. straflos, wenn er eine fremde Sache beschädigt in der Meinung, es sei seine eigene, weil fahrlässige Sachbeschädigung nicht strafbar ist. Dies soll aber dann nicht gelten, wenn der Irrtum „durch den Rausch bedingt" ist, weil die typische Gefährlichkeit des Berauschten gerade darauf beruht, daß er infolge mangelnden Einsichts- oder Unterscheidungsvermögens außerstande ist, Situationen richtig zu beurteilen. Problematisch wird dies insbesondere bei der Unfallflucht, wo nicht selten mit der Möglichkeit zu rechnen ist, daß der Täter infolge der Alkoholintoxikation einen Unfall nicht bemerkt hat. Im einzelnen ist hier vieles umstritten[58].

Die Probleme werden noch verwickelter, wenn man berücksichtigt, daß die Schuldunfähigkeit bei verschiedenen Straftaten nicht einheitlich beurteilt werden kann: Der BGH hat darauf hingewiesen, daß z. B. ein Betrunkener, der sich schuldlos zu einer Beleidigung hinreißen läßt, für eine gefährliche Körperverletzung noch verantwortlich sein kann[59]. Die Konsequenz für die *Verantwortlichkeit bei Fahrlässigkeitstaten* wäre, daß bei leichten Fahrlässigkeitsgraden schon relativ geringe Persönlichkeitsveränderungen Anlaß zu Zweifeln darüber geben müßten, daß der Täter noch die erforderliche Sorgfalt aufbringen konnte. Daraus den Schluß auf alkoholbedingte Zurechnungsunfähigkeit zu ziehen

[58] So will *Cramer* (Anm. 37), S. 124, 125, ein Vorsatzmanko unberücksichtigt lassen, wenn es auf die Gefährlichkeit des Rausches hinweist. Die Rechtsprechung verurteilt bei Unfallflucht nicht einmal dann nach § 330 a StGB, wenn das Nichtwahrnehmen des Unfalls lediglich auf den Rauschzustand zurückzuführen ist (OLG Hamm NJW 1967, 1523).

[59] BGHSt. 4, 114.

und den Täter nach § 323 a StGB zu bestrafen, wäre aber deshalb problematisch, weil das Strafrecht bei der Feststellung der Fahrlässigkeit nicht nur auf die objektive Voraussehbarkeit und Vermeidbarkeit des inkriminierten Erfolges abstellt, sondern auch darauf, ob dieser Erfolg für den Täter in der konkreten Situation nach seinen persönlichen Fähigkeiten und Möglichkeiten voraussehbar und vermeidbar war.

Für die Rechtsdogmatik bietet sich hier noch reichlich Diskussionsstoff; in foro wird der medizinische Sachverständige sich aber darauf beschränken müssen, um eine Aufklärung der psychischen Vorgänge unter dem Aspekt dieser juristischen Zusammenhänge bemüht zu sein.

III. Diagnose und Behandlung bei alkoholabhängigen Delinquenten

Die Unterbringung in einer Entziehungsanstalt nach § 64 StGB setzt zunächst den Nachweis der *Abhängigkeit* voraus. Sie muß vom Sachverständigen festgestellt werden. Die Diagnose ergibt sich aus der Vorgeschichte mit langfristigem und zunehmendem Alkoholkonsum sowie aus den charakteristischen körperlichen und psychischen Befunden.

Man kann sich dabei an der bereits erwähnten Typen- und Phaseneinteilung nach *Jellinek* orientieren. Weitere diagnostische Kriterien ergeben sich aus den *körperlichen Veränderungen:* Leberschädigungen (Leberschwellung, Fettleber und schließlich Leberzirrhose), Veränderungen der Magendarmschleimhaut, häufig einhergehend mit morgendlichem Brechreiz und Erbrechen bei Nahrungsaufnahme. Ferner treten häufig Bauchspeicheldrüsenerkrankungen, Herzmuskelschäden, Hirnatrophie und chronische Entzündungen peripherer Nerven mit Muskelschwund auf. Infolge schlechter Ernährung ist der Allgemeinzustand oft reduziert; Abwehrschwäche führt zu Infektionskrankheiten; zunehmend tritt das Bild körperlichen Krankseins in den Vordergrund.

In *psychischer Hinsicht* fallen Stimmungsschwankungen zwischen Depressivität, Gereiztheit und Euphorie auf. Aufmerksamkeit und Konzentrationsvermögen, Gedächtnis, Urteils- und Kritikvermögen sind gestört; allgemein kommt es zu einer Senkung des Persönlichkeitsniveaus mit Interessen- und Antriebsverlust. Bei suchttypischer Nivellierung und hirnorganischer Wesensänderung spricht man von „Depravation". In *sozialer* Hinsicht ist ein

Abstieg charakteristisch; Arbeit, Familie, Kleidung, Kontakte werden zunehmend vernachlässigt.

Bei kriminellen Alkoholikern findet man in der Vorgeschichte oft schon vor der Alkoholabhängigkeit häufige Straftaten. Hier kommt dem Alkoholismus die Rolle eines zusätzlichen kriminogenen Faktors zu: Der Persönlichkeitsabbau führt zur Akzentuierung und Zuspitzung vorgegebener Wesenszüge; die häufigen akuten Alkoholintoxikationen begünstigen die kurzschlüssige Umsetzung von Augenblickseinfällen in strafbare Aktionen. Oft ist dann schwer zu entscheiden, inwieweit Verwahrlosung und Delinquenz Folgen des Alkoholkonsums oder Ausdruck der Primärpersönlichkeit sind.

Meist stehen beim chronischen Alkoholismus die sozialen Fragen und Probleme der ärztlichen Behandlung im Vordergrund; oft geht es um zivilrechtliche Probleme — Entmündigung, Ehescheidung. Wenn die kriminellen Entgleisungen kein gröberes Ausmaß annehmen, gelingt es nicht selten, die Betreffenden freiwillig zu einer Entziehungskur zu bewegen. Vorrangig vor der Unterbringung nach § 64 StGB erfolgt häufig auch eine Unterbringung nach Ländergesetzen über die Freiheitsentziehung bei Gefährdung der Umwelt oder Selbstgefährdung. Sie ist weniger diskriminierend und an weniger strenge Voraussetzungen geknüpft wie die Unterbringung nach § 64 StGB. Nur in Ausnahmefällen geht es bei Alkoholikern primär um deliktische Entgleisungen. Deshalb kommt es häufig nicht erst dazu, daß die Frage der Unterbringung nach § 64 StGB zur Diskussion gestellt wird[60].

Die *Diagnose* der Alkoholabhängigkeit ist demnach meist hinreichend sicher zu stellen, wenn die Abhängigkeit einen gewissen Schweregrad erreicht hat. Schwieriger ist schon die Beurteilung der *medizinischen Prognose*. § 64 Abs. 2 StGB fordert insoweit als Voraussetzung der Unterbringung, daß die Entziehung nicht von vornherein aussichtslos erscheint. Aus ärztlicher Sicht ist der konsequente Versuch einer Entziehung fast immer angezeigt; die früher gelegentlich vertretene Auffassung, bei längerer Strafe werde ohnehin eine Entziehung durchgeführt, ist aus

[60] Vgl. im einzelnen: *Witter*, in: Handbuch der forensischen Psychiatrie, hrsg. v. *Göppinger* u. *Witter*, 1972, S. 1037 ff.; *Langelüddeke/Bresser*, Gerichtliche Psychiatrie, 4. Aufl. 1976, S. 280 ff.; *Wanke/Täschner/Hünnekens*, Soziale Dienste für Suchtkranke und delinquente Kinder und Jugendliche, 1976, S. 7 ff.

ärztlicher Sicht abzulehnen; denn erst eine Therapie mit bedingungsloser Abstinenz und geregelter Lebensführung sowie geeigneten psychologischen Betreuungsmaßnahmen bietet Aussicht auf Erfolg[61].

Zu berücksichtigen ist aber, daß es spezielle Entziehungsanstalten, die mit hinreichenden Sicherungseinrichtungen ausgestattet sind, kaum noch gibt, so daß die Behandlung für rückfallgefährdete Delinquenten meist in psychiatrischen Krankenanstalten durchgeführt werden muß. Weiter ist die zeitliche Grenze zu bedenken: Die Unterbringung nach § 64 StGB darf 2 Jahre nicht überschreiten (§ 67 d Abs. 1 StGB). Problematisch kann diese Grenze insbesondere bei schon erheblich veränderten chronischen Alkoholikern sein. Hier käme deshalb eine Unterbringung nach § 63 StGB in einem psychiatrischen Krankenhaus in Betracht, die zeitlich nicht auf 2 Jahre limitiert ist. In psychiatrischen Krankenhäusern bestehen aber meist nicht die entsprechenden Lebensmöglichkeiten für straffällig gewordene Alkoholiker. Sie halten es für verfehlt, zusammen mit psychisch Kranken, etwa mit chronischen endogenen Psychosen, untergebracht zu werden; die Kranken wiederum empfinden häufig die gemeinsame Unterbringung mit „Kriminellen“ als diskriminierend[62]. Aus Sicherheitsgründen wäre zunächst die Unterbringung in einer geschlossenen Abteilung erforderlich; erst in späteren Phasen der Betreuung erscheint eine Lockerung des Vollzuges angebracht. Da es an entsprechenden speziellen Entziehungsanstalten für Alkoholdelinquenten fehlt, kann die Unterbringung in einem psychiatrischen Krankenhaus immer nur ein Notbehelf sein. Bessere Möglichkeiten würden sich zweifellos ergeben, wenn die vom Gesetz schon seit langem geforderten sozialtherapeutischen Anstalten eingerichtet würden; die Errichtung wurde jedoch bisher immer wieder hinausgeschoben.

In gut ausgestatteten und gut geleiteten Anstalten für nicht kriminelle Alkoholiker wird immer wieder über gute Therapieerfolge berichtet. Danach wird man sich im Zweifel auch bei abhängigen Alkoholdelinquenten zugunsten eines Therapieversuchs entscheiden können. Dem trägt auch die Fassung des § 64 Abs. 2 StGB Rechnung, die praktisch von der „Vermutung einer günstigen medizinischen Prognose“ ausgeht und sozusagen der ungün-

[61] *Langelüddeke/Bresser* (Anm. 60).

[62] *Wanke/Täschner/Hünnekens* (Anm. 60), S. 69 f.

stigen Prognose die „Beweislast“ zuweist. Schon wenn die Besserung für nicht gänzlich aussichtslos gehalten wird, hat das Gericht die vorhandene Chance zu nutzen und die Unterbringung anzuordnen, auch wenn die Chance gering erscheinen mag[63].

Problematischer ist dagegen die in § 64 Abs. 1 StGB geforderte ungünstige *„Kriminalprognose“*. Im Unterschied zu § 63 StGB verlangt § 64 StGB zwar nicht, daß der Täter wegen der zu erwartenden erheblichen Rechtsverletzungen für die Allgemeinheit gefährlich ist; für die Tragweite des § 64 StGB ist das Fehlen dieses Zusatzmomentes jedoch nicht von großer Bedeutung, da mit der Gefahr erheblicher Rechtsverletzungen regelmäßig eine Gefahr für die Allgemeinheit verbunden ist. Es genügt zwar für die Anordnung der Unterbringung nach § 64 StGB, daß eine „gewisse Wahrscheinlichkeit“ eines Rückfalls infolge der Alkoholabhängigkeit festgestellt wird[64]; aber auch insoweit ist die medizinische Beurteilung schwierig. Insbesondere bietet die Frage nach dem ursächlichen Zusammenhang zwischen Kriminalität und Alkoholismus bei solchen Delinquenten Schwierigkeiten, die schon vor ihrer Abhängigkeit vom Alkohol zu Straftaten neigten.

Zu betonen ist, daß der Sachverständige allenfalls eine ungünstige Prognose hinsichtlich der Alkoholabhängigkeit und — mit noch größerer Zurückhaltung — hinsichtlich der Rückfälligkeit in die Delinquenz stellen kann. Es muß dem Gericht überlassen bleiben, darüber zu entscheiden, ob die bei Rückfallgefahr drohenden Straftaten als „erhebliche rechtswidrige Taten“ i. S. des § 64 StGB zu qualifizieren sind. Gelegentlich wird von Gerichten übersehen, daß diese Frage gesondert zu prüfen ist.

Nach § 62 StGB ist bei der Entscheidung über eine Unterbringung in einer Entziehungsanstalt auch der *„Grundsatz der Verhältnismäßigkeit“* zu beachten. An der Verhältnismäßigkeit fehlt es vielfach bei Verkehrsdelinquenten. Bei Wiederholungstätern mit hohen Blutalkoholkonzentrationen hat man zwar häufig den Eindruck, es bestehe eine Alkoholabhängigkeit. Aber nur in seltenen Ausnahmefällen wird diese Frage zum Gegenstand der Verhandlung, etwa wenn nicht nur eine Exkulpation nach den §§ 20, 21 StGB angestrebt wird, sondern Schuldunfähigkeit wegen Alkoholabhängigkeit auch hinsichtlich des „Sich-Berauschens“ geltend gemacht wird. Dann sind die Voraussetzungen für die An-

[63] Vgl. *Schönke/Schröder/Lenckner*, § 64, Anm. 11.

[64] Vgl. *Schönke/Schröder/Lenckner*, § 64, Anm. 9.

wendbarkeit des § 323 a StGB besonders zu prüfen, weil der Täter möglicherweise schon bei Trinkbeginn schuldunfähig war.

Solche Einlassungen, die die Frage der Abhängigkeit in den Mittelpunkt der Gerichtsverhandlung rücken, sind offenbar deshalb äußerst selten, weil hier in der Regel gravierendere Folgen zu befürchten sind als bei einer Verurteilung nach § 323 a StGB oder wegen der Verkehrsstraftat. Meist wird von den Verkehrsdelinquenten eine Alkoholabhängigkeit energisch in Abrede gestellt. Die Gerichte finden in der Regel keinen Anhalt oder keine Veranlassung, der Frage der Alkoholabhängigkeit nachzugehen — offenbar deshalb, weil eine Unterbringung meist ohnehin am Grundsatz der Verhältnismäßigkeit scheitern würde. Als Sachverständiger kann man gelegentlich im Gespräch außerhalb der Verhandlung mit dem Angeklagten oder Verteidiger darauf hinwirken, daß freiwillig eine Entziehungskur durchgeführt wird.

Alkoholismus und Strafrecht in Jugoslawien*

Von Professor Miroslav *Djordjević*, Belgrad

I. Der Alkoholismus ist aus strafrechtlicher Sicht mehrfach bedeutsam. Der Rauschzustand nach Alkoholgenuß ist für die Prüfung der Schuldfähigkeit und der strafrechtlichen Verantwortlichkeit des Täters erheblich. Die Verhängung von Strafen und vorbeugenden Maßnahmen auf alkoholisierte Rechtsbrecher wirft wesentliche Probleme auf. Spezielle Tatbestände sollen das Ausbreiten der sozialpathologischen Erscheinung des Alkoholismus verhindern und die Ausübung bestimmter Tätigkeiten in alkoholisiertem Zustand, die zur Gefährdung von gesellschaftlichen Gütern führen, unterbinden. Aufgabe einer modernen Strafgesetzgebung ist es, angesichts des fortschreitenden Alkoholmißbrauchs sachgerechte Antworten zu finden, wozu die Rechtsvergleichung wertvolle Dienste leisten kann.

Das Strafgesetzbuch der Sozialistischen Föderativen Republik (SFRJ) hat dem sozialen Problem der Alkoholdelinquenz besondere Aufmerksamkeit geschenkt. Im Allgemeinen Teil finden sich entsprechende Regelungen der strafrechtlichen Verantwortlichkeit und der Anwendung von Sanktionen auf Alkoholtäter. Bei der strafrechtlichen Verantwortlichkeit geht es um den Einfluß der Alkoholisierung auf die Schuldfähigkeit und um die Prüfung der Verantwortlichkeit, wenn die Tat im schuldunfähigen Zustand begangen wird, der Täter sich aber selbst infolge des Alkoholgenusses schuldhaft in diesen Zustand versetzt hat. Bei der Anwendung besonderer Rechtsfolgen gegen Alkoholtäter ist die im Strafgesetzbuch der SFRJ vorgesehene obligatorische Behandlung von Alkoholikern und Rauschgiftsüchtigen in Heilanstalten hervorzuheben.

Im Besonderen Teil des Strafrechts (überwiegend durch Strafgesetze der Sozialistischen Teilrepubliken und sozialistischen autonomen Republiken geregelt) sind die Straßenverkehrsgefährdung infolge Alkoholgenusses und der Ausschank von alkoholischen Getränken an Minderjährige mit Strafe bedroht.

* Übersetzerin Ljiljana *Mitrović*, Belgrad

II. Das jugoslawische Strafrecht beurteilt die Schuldfähigkeit nach der biologisch-psychologischen Methode. Schuldunfähigkeit wird bei abnormen psychischen Zuständen (biologische Voraussetzung), die zur Störung der psychischen Funktionen führen (psychologische Voraussetzung), angenommen. Nach dem Strafgesetzbuch der SFRJ muß es sich bei den biologischen Voraussetzungen handeln um 1. vorübergehende oder anhaltende seelische Krankheiten, 2. vorübergehende Geistesstörungen oder 3. Schwachsinn. Schuldunfähigkeit setzt zusätzlich dadurch bedingte Störungen der psychischen Funktionen der Einsichts- oder Steuerungsfähigkeit voraus.

Alkoholisierung ist in der Praxis der häufigste Fall vorübergehender Geistesstörung. Zur Schuldunfähigkeit führt Alkoholisierung jedoch nur dann, wenn dadurch die intellektuellen bzw. voluntativen Fähigkeiten des Täters derart beeinträchtigt werden, daß dieser das Unrecht seiner Tat nicht einzusehen oder sein Verhalten nicht entsprechend zu steuern vermag. Wenn aufgrund der Alkoholisierung des Täters die Schuldfähigkeit verneint werden muß, entfällt auch dessen strafrechtliche Verantwortlichkeit.

Das jugoslawische Strafrecht kennt als Zwischenform von Schuldfähigkeit und Schuldunfähigkeit auch den Begriff der „erheblich verminderten Schuldfähigkeit", deren Vorliegen zwar die strafrechtliche Verantwortlichkeit nicht ausschließt, jedoch zu einer fakultativen Strafmilderung führen kann. Die allgemeinen Vorschriften über Strafmilderung sehen dabei besondere Strafrahmen vor. Die Feststellung der erheblich verminderten Schuldfähigkeit erfolgt in gleicher Weise wie der Schuldunfähigkeit, die Störungen der psychischen Funktionen sind jedoch von einer geringeren Intensitätsstufe. Als „erheblich" gilt die Verminderung der Einsichts- und Steuerungsfähigkeit dann, wenn diese psychischen Funktionsstörungen den überwiegenden Einfluß auf die Tatbegehung ausüben. Falls die erheblich verminderte Schuldfähigkeit auf den Alkoholgenuß des Täters zurückzuführen ist, ist der Täter zwar für die in diesem Zustand begangene rechtswidrige Tat verantwortlich, jedoch kann das Gericht in Übereinstimmung mit den Strafmilderungsgründen die Strafe mildern.

Das Vorliegen lediglich „verminderter", nicht jedoch „erheblich verminderter" Schuldfähigkeit wird vom Gesetz nicht erfaßt, kann jedoch bei der Strafzumessung als mildernder Umstand gewertet werden, da im Strafgesetz auch die herabgesetzte Verantwortlichkeit (Grad der Schuld und Schuldfähigkeit) als mildernder Gesichtspunkt vorgesehen ist. Es bleibt dem Gericht überlassen, im konkreten Fall den Einfluß der Alkoholisierung auf die Schuldfähigkeit zu prüfen und gegebenenfalls bei der Bestimmung von Art und Höhe der Strafe zu berücksichtigen.

Von entscheidender Bedeutung für die strafrechtliche Verantwortlichkeit desjenigen, der unter Alkoholeinfluß die Tat begeht, ist die Frage, unter welchen Umständen sich dieser in den alkoholisierten Zustand versetzt hat und inwieweit er zu diesem Zeitpunkt rechtswidrig gehandelt hat. Die strafrechtliche Verantwortlichkeit bei der actio libera in causa ist im jugoslawischen Strafgesetz besonders geregelt und muß nicht aus den allgemeinen Bestimmungen über Schuld und Schuldfähigkeit abgeleitet werden. Danach ist ein Täter strafrechtlich verantwortlich, wenn er sich zum Zeitpunkt der Tatbegehung zwar in einem Zustand verminderter oder fehlender Schuldfähigkeit befand, diesen Zustand aber durch Alkoholgenuß oder auf andere Weise selbst herbeigeführt hat und in bezug auf die begangene Tat im Zeitpunkt der Schuldfähigkeit Vorsatz bzw. — soweit strafbar — Fahrlässigkeit vorlag. Die strafrechtliche Verantwortlichkeit wird vom Gesetz vorverlegt, obwohl dies eine Abweichung von dem Grundsatz bedeutet, daß für eine Beurteilung der Schuldfähigkeit und der Schuld ihr Vorhandensein zum Zeitpunkt der Tatbegehung maßgebend ist. Es besteht jedoch eine reale Beziehung zwischen der subjektiven Vorwegnahme der Tat und ihrer objektiven Ausführung, ungeachtet, ob es sich um ein Tun oder Unterlassen, Vorsatz oder Fahrlässigkeitstat handelt. Während eine Reihe von Anwendungsfällen der actio libera in causa keine besonderen Schwierigkeiten aufwirft, stellt sich bei vorsätzlichen Handlungsdelikten die Frage, ob dieser Vorsatz im schuldunfähigen Zustand durchgeführt werden kann und wie weit eine Kontinuität des Vorsatzes im Hinblick auf die im schuldfähigen Zustand getroffene Entscheidung bei der Durchführung der Tat gewahrt blieb. Dies ist in der Tat jedoch nur ein Scheinproblem, da der Täter auch in erheblich alkoholisiertem Zustand nicht um jegliche Kontinuität seiner schon vor der Trunkenheit vorbedachten und gewollten Tat gebracht wird. Es ist vielmehr möglich, daß der Täter, der im nüchternen Zustand den Tatplan gefaßt hat, ihn später im Rauschzustand ausführt, wobei die Durchführung der Entscheidung, die Straftat zu begehen, durch die Herbeiführung des Rauschzustandes und durch die Verminderung der bewußten und vernunftmäßigen Kontrolle seiner Handlungen im Rauschzustand sogar erleichtert wird. Falls während des Zustandes vorübergehender Schuldunfähigkeit eine Unterbrechung der Kontinuität der vorher getroffenen Entscheidung eintritt (der potentielle Täter vergißt eine zuvor getroffene Entscheidung), kommt es im Regelfall nicht zur Begehung einer Straftat, so daß sich insoweit die Frage der strafrechtlichen Verantwortlichkeit nicht stellt.

Fraglich ist, wie weit der Vorsatz im Falle der actio libera in causa konkretisiert sein muß. Ist es erforderlich, daß der Täter beim Tatentschluß die konkreten Umstände der Tat im einzelnen in sein Bewußtsein aufgenommen hat, genügt es, daß der Täter eine strafbare Tat plante oder reicht es gar aus, wenn der Täter irgendeine Straftat begehen wollte? Nach der jugoslawischen Rechtsprechung ist es erforderlich, daß der zum Zeitpunkt der Tatbegehung nicht verantwortliche (alkoholisierte) Täter vor der Tatbegehung alle, aber auch nur die Merkmale, die zum geltenden Tatbestand gehören, in den Vorsatz aufnimmt; eine Verantwortlichkeit nach den Grundsätzen der actio libera in causa für eine Tat, die der Täter nicht geplant hat, ist dem jugoslawischen Strafrecht fremd.

Die Annahme strafrechtlicher Verantwortlichkeit bei Alkoholtätern in der beschriebenen Form trägt auch dem kriminalpolitischen Bedürfnis Rechnung. Daher kennt die jugoslawische Strafgesetzgebung keine Strafbarkeit entsprechend dem deutschen Vollrauschtatbestand. Betrunkenheit selbst ist nicht inkriminiert, auch wenn in diesem Zustand eine Straftat begangen wurde.

Das Strafgesetzbuch der SFRJ enthält bei der Regelung der actio libera in causa keine ausdrückliche Bestimmung für den Fall, daß der Täter im Zustand erheblich verminderter Schuldfähigkeit, den er selbst durch Alkoholgenuß herbeigeführt hatte, eine Straftat begeht, so daß sich die Problematik der Strafmilderung, die ansonsten bei „erheblich verminderter Schuldfähigkeit" zugelassen wird, stellt. Wenn jedoch einen alkoholisierten Täter, der nach den Grundsätzen der actio libera in causa in völlig schuldunfähigem Zustand eine Straftat begeht, die volle strafrechtliche Verantwortung trifft, kann um so weniger die Verantwortlichkeit des Täters gemildert werden, dessen Schuldfähigkeit lediglich erheblich gemindert ist. Auch eine Berücksichtigung der Alkoholisierung selbst als schuldmindernder Umstand kommt daher nicht in Frage.

III. Bei Alkoholtätern sieht das jugoslawische Strafrecht eine besondere Sicherungsmaßregel, die obligatorische Behandlung von Alkoholikern und Rauschgiftsüchtigen vor, die eine der (acht) im Strafgesetz der SFRJ vorgesehenen Sicherungsmaßregeln bildet. Ihre Rechtfertigung findet diese Maßregel in der sozialen Bedeutung des Alkoholmißbrauchs und der Rauschgiftsucht als kriminogene Faktoren, obwohl nach den gegenwärtigen Methoden eine relativ lange Behandlung erforderlich ist und die Ergebnisse meist wegen fehlender Bereitschaft der Betroffenen nicht immer zufriedenstellend sind.

Die Behandlung kann nach dem Gesetz sowohl in einer Entziehungsanstalt wie auch in Freiheit durchgeführt werden, wobei die allgemeinen Voraussetzungen für die Verhängung dieser Sicherungsmaßregel in beiden Fällen gleich sind. Es muß zunächst eine Straftat vorliegen, für die eine Strafe verhängt wurde, wobei jedoch auch Strafaussetzung zur Bewährung ausreicht. Die obligatorische Alkohol- bzw. Rauschgiftentziehung kann auch bei Minderjährigen verhängt werden, wenn diese zur Haft verurteilt oder gegen sie eine Erziehungsmaßregel ausgesprochen wird, nicht jedoch zusätzlich zu Disziplinarmaßregeln. Die Behandlung in einer Heilanstalt hat freiheitsentziehenden Charakter, im Falle einer Strafaussetzung zur Bewährung wird hingegen dem Täter die Freiheit nicht entzogen, er hat sich lediglich einer obligatorischen ärztlichen Behandlung zu unterziehen.

Die begangene Straftat muß auf den Hang des Täters zu gewohnheitsmäßigem Alkohol- oder Rauschgiftkonsum zurückgehen, was vom Gericht bei jedem Täter gesondert unter Gesamtwürdigung seiner Persönlichkeit und seiner früheren Lebensweise festgestellt werden muß. Damit sollen Alkoholiker und Rauschgiftsüchtige in chronischen Fällen oder jedenfalls bei mehrfacher Wiederholung erfaßt werden.

Zwischen der begangenen Straftat und dem gewohnheitsmäßigen Genuß von Alkohol oder Rauschgift muß ein gewisser „ursächlicher" Zusammenhang bestehen. Wird die Tat im Rauschzustand begangen, läßt dies auf einen solchen Zusammenhang schließen. Es lassen sich jedoch auch Ausnahmefälle denken, wonach der Rausch die Begehung der konkreten Straftat in keiner Weise beeinflußt hat, wenn etwa früherer Alkohol- und Rauschgiftgenuß beim Täter psychische Veränderungen hervorgerufen hat, die der Straffälligkeit zugrunde liegen. Besonders chronische Alkoholiker können oft schwere Konfliktsituationen und Störungen der Beziehungen zur Umwelt (Familie, Arbeitsplatz) auslösen, was auch die Begehung von Straftaten mit sich bringt. Ein „ursächlicher" Zusammenhang besteht auch dann, wenn der Täter sich die Rauschmittel durch die Straftat beschaffen will.

Die Anordnung dieser Sicherungsmaßregel setzt ferner eine Prognose voraus, daß der Täter infolge seiner Abhängigkeit vom Alkohol- oder Rauschgiftgenuß weitere Straftaten begehen wird. Vom Gericht muß insoweit eine Gesamtwürdigung der Persönlichkeit des Täters, der bisherigen Lebensumstände, dem Grad der Abhängigkeit der Tat vom Rauschmittelgenuß und der Indizwirkung der begangenen Tat vorgenommen werden.

Die Entziehungskur erfolgt in entsprechenden Strafvollzugsanstalten, Heilanstalten oder besonderen, für diese Behandlung spezialisierten Anstalten. Wird die Entziehungsbehandlung neben einer Gefängnisstrafe angeordnet, kann sie in einer Vollzugsanstalt durchgeführt werden, soweit dort die erforderlichen Voraussetzungen vorhanden sind. Die Behandlung in einer Heilanstalt oder auf Süchtige spezialisierten Anstalt setzt eine entsprechende Unterbringungsanordnung des Gerichts voraus.

Ist die Sicherungsmaßregel neben einer Freiheitsstrafe angeordnet, so wird zunächst die Maßregel, dann die Strafe vollzogen. Der Vollzug der Maßregel wird auf die Strafe angerechnet, so daß der Täter nach Entlassung aus der Heilanstalt nur dann dem Strafvollzug zugeführt wird, wenn die Dauer der Strafe die Dauer der Maßregel übersteigt. Die Dauer der im Gesetz nicht zeitlich begrenzten Sicherungsmaßregel bemißt sich nach dem Behandlungserfolg, sie kann auch die Dauer der Strafe übersteigen. Da nach dem Gesetz auch eine Verhängung der Sicherungsmaßregel neben einer Geldstrafe möglich wäre, könnte auch insoweit eine Anrechnung erfolgen. Praktisch würde dies jedoch dazu führen, daß die Höhe der Geldstrafe nach der Behandlungsdauer bestimmt würde. Vorzugswürdiger ist es daher, in solchen Fällen die Strafe auf Bewährung auszusetzen und von der Möglichkeit einer obligatorischen Behandlung ohne Freiheitsentziehung Gebrauch zu machen.

Ordnet das Gericht eine Sicherungsmaßregel neben der Strafaussetzung zur Bewährung an, so wird eine Behandlung ohne Freiheitsentzug vorgenommen. Das Gericht hat neben den obengenannten Voraussetzungen auch die Zweckmäßigkeit dieser Maßregel zu prüfen, wobei die *ernsthafte* Bereitschaft des Täters, sich einer Behandlung in Freiheit zu unterziehen, eine gewichtige Rolle spielt. Das Gericht muß unter Berücksichtigung aller Umstände zu der Annahme gelangen, daß die Behandlung ohne Freiheitsentziehung zum Erfolg führen wird. Das Gericht hat bei dieser ambulanten Behandlung — der Täter hat zu bestimmten Zeiten die Anstalt aufzusuchen und sich nach den Weisungen der zuständigen Ärzte zu verhalten — die in Frage kommende Anstalt zu bestimmen. Falls der Täter der ihm auferlegten Behandlungspflicht nicht nachkommt oder sich ohne ausreichenden Grund nicht der Behandlung unterzieht, kann entweder die Strafaussetzung zur Bewährung widerrufen werden oder die Sicherungsmaßregel in einer Heilanstalt bzw. für Süchtige spezialisierten Anstalt vollstreckt werden, wobei das Gesetz dem Gericht die Entscheidung für jeweils eine dieser Alternativen überläßt, so daß auch die Durchführung der ambulanten Behandlung gesichert ist.

Bei gerichtlichem Widerruf der Strafaussetzung zur Bewährung könnte der Täter in der Anstalt, in der er seine Strafe verbüßt, auch behandelt werden. In diesem Fall würde jedoch die erforderliche Behandlung die Strafdauer sehr häufig übersteigen, so daß im Falle kurzfristiger Freiheitsstrafen die Behandlungszeit nicht ausreichend ist. Wird die Vollstreckung der Behandlung in einer Heilanstalt bzw. auf Süchtige spezialisierten Anstalt angeordnet, so bleibt die Strafaussetzung zur Bewährung aufrechterhalten. Die Behandlungszeit wird dabei nicht auf die Bewährungszeit angerechnet, weil sich die Bewährung nur auf die Zeit bezieht, die der Täter in Freiheit verbringt. Kommt es jedoch zusätzlich zum Widerruf der Strafaussetzung zur Bewährung, so ist der in einer Heilanstalt verbrachte Zeitraum auf die Strafe anzurechnen. Die Dauer der Behandlung ohne Freiheitsentzug darf zwei Jahre nicht übersteigen. Führt die Behandlung schon vorzeitig zum Erfolg, so wird sie entsprechend eingestellt.

Die Überprüfungsfrist für die Strafaussetzung zur Bewährung kann zwischen ein und fünf Jahre angeordnet werden. Dauert die Behandlung länger als die Überprüfung, ergeben sich Schwierigkeiten, wenn der Täter nach Ablauf der Bewährungszeit die Entziehungsbehandlungen von sich aus abbricht. Da die Sicherungsmaßregel unabhängig von der Bewährung bei der Strafaussetzung vollstreckt werden kann, kann nur die Vollstrekkung der Erziehungsbehandlung angeordnet werden, nicht jedoch der Widerruf der Strafaussetzung.

IV. Die Herbeiführung des Rauschzustandes als potentielle Gefahr für die Begehung von Straftaten ist nach jugoslawischem Recht nicht strafbar. Eine Ausnahme bildet in den meisten Sozialistischen Teilrepubliken und Sozialistischen Autonomen Provinzen die Straßenverkehrsgefährdung infolge Alkoholgenusses. Wegen der hohen potentiellen Gefahr für den öffentlichen Verkehr und für alkoholisierte Fahrer wird die strafrechtliche Verantwortlichkeit im Verhältnis zu anderen Verkehrsdelikten vorverlegt. Ansonsten ist die Verkehrsgefährdung erst dann strafbar, wenn der Fahrer durch verkehrswidriges Verhalten das Leben oder Vermögen eines anderen verletzt hat, wobei eine leichte Körperverletzung oder ein Vermögensschaden von über 10 000 Dinar (in Slowenien über 20 000 Dinar) genügt. Ist der Fahrer jedoch alkoholisiert und deshalb unfähig, sein Fahrzeug sicher zu führen, macht er sich bereits dann strafbar, wenn er das Leben oder Vermögen eines anderen in hohem Grade gefährdet, ohne daß es zu einem Schaden gekommen sein muß. Das Gesetz knüpft dabei nicht an das Vorliegen eines bestimmten Blutalkoholgehaltes an, vielmehr genügt es, wenn der Fahrer offenkundig unfähig war, das Fahrzeug sicher zu führen. Für eine Straftat der konkreten Verkehrsgefährdung kann zusätzlich ein Fahrverbot von drei Monaten bis zu fünf Jahren angeordnet werden.

Im Strafrecht der Teilrepubliken und der Autonomen Provinzen ist ferner der Ausschank von alkoholischen Getränken an Minderjährige unter Strafe gestellt. Diese Vorschrift ist in Straftaten gegen die Gesundheit zugeordnet, obwohl sie weitreichendere Bedeutung besitzt. Zweck dieser Bestimmung ist die Verhütung von gesundheitlichen und sozialen Gefahren, die von der Verleitung Jugendlicher zum Alkoholmißbrauch ausgehen. Nach dem Gesetz kommt jede Person als Täter in Frage, in der Praxis jedoch meist nur solche, die in Gaststätten und ähnlichen Betrieben alkoholische Getränke ausschenken. Das Ausschankverbot betrifft Minderjährige, die das 16. Lebensjahr noch nicht vollendet haben, wobei alle alkoholischen Getränke, soweit sie geeignet sind, einen Rauschzustand herbeizuführen, in Betracht kommen. Die Straftat ist mit dem bloßen Ausschank vollendet, daß der Jugendliche tatsächlich konsumiert hat bzw. es zu einem Rauschzustand gekommen ist, wird hingegen nicht verlangt. Es ist auch unerheblich, ob der Minderjährige zum Zeitpunkt des Ausschanks bereits unter Alkoholeinfluß stand oder nicht, ebenfalls, ob ihm einmal oder mehrfach Alkohol verabreicht wurde.

In der Inkriminierung der Verbreitung des Alkoholismus an Minderjährige leistet das Strafrecht einen wenn auch bescheidenen Beitrag zur Bekämpfung des Alkoholmißbrauchs und der von ihm verursachten schädlichen Folgen.

Trunkenheit im Verkehr in Jugoslawien

Von Professor Dr. Zvonimir P. *Šeparović*, Zagreb

I. Einleitende Bemerkungen

Die in alkoholisiertem Zustand begangenen Straftaten und anderen Verkehrsdelikte bilden eine wichtige Gruppierung in der Verkehrsdelinquenz. Es wird betont, daß ihre Bedeutung sowohl mit dem relativ hohen Alkoholisierungsgrad bei Begehung von Verkehrsdelikten als auch mit den in der Regel schweren Folgen der im Zusammenhang mit dem alkoholisierten Zustand stehenden Straftaten zu begründen ist[1]. Um die spezifische Situation in Jugoslawien zu begreifen, ist es notwendig, einleitend einige relevante Gesichtspunkte hervorzuheben:

1. Jugoslawien hat einen gewaltigen industriellen und technischen Fortschritt gemacht, so daß es aus einem einst fast ausschließlichen Agrarstaat zu einem Industriestaat mittlerer Entwicklungsstufe geworden ist, wobei auch der Verkehr ein explosives Wachstum — mit einem Jahresdurchschnitt von etwa 10 %, besonders bei Personenwagen — erlebt hat[2].

2. Die Verkehrssicherheit in Jugoslawien ist nicht zufriedenstellend; es herrscht „ein äußerst schlechter Sicherheitszustand im Straßenverkehr"[3].

[1] *Salamunić-Sila,* Alkoholizirani počinitelji krivičnih djela u cestovnom prometu — prema analizi psihijatrijskih vještačenja [Alkoholisierte Straftäter im Straßenverkehr — aufgrund einer Analyse von psychiatrischen Begutachtungen], in: Čovjek i promet, 4/1979, S. 251.

[2] *Vasilijević,* Bezbednost saobraćaja — ostvarenja i mogućnosti [Verkehrssicherheit — Verwirklichung und Möglichkeiten], Belgrad 1980, S. 9.

[3] *Gledec,* Mogućnost poboljšanja financiranja preventive u cestovnom prometu u SR Hrvatsko [Möglichkeit der Finanzierungsverbesserung der Vorbeugung im Straßenverkehr der Sozialistischen Republik Kroatien] in: Suvremeni promet, 1/1980, S. 111. Nach den neuesten Daten gibt es in Jugoslawien (1979) etwas weniger als 3 Millionen Straßenfahrzeuge mit ungleicher Verteilung (Einwohnerzahl auf ein Kraftfahrzeug): Slowenien 4, Kroatien 7, Kosovo 35. Dieser Autor hat den „Sicherheitsindex" (Zahl der Toten auf 100 000 Einwohner und Zahl der Toten auf eine Million der realisierten Fahrzeugkilometer) für zehn Länder ausgerechnet: den ersten Platz nimmt Großbritannien (Sicherheitsindex

3. Die Alkoholabhängigkeit stellt ein sehr verbreitetes und äußerst ernstes soziales Problem in Jugoslawien dar: man nimmt an, daß im Bevölkerungsanteil der erwachsenen männlichen Personen etwa 15 % Alkoholiker sind und weitere 15 % Probleme mit dem Alkohol haben. Der Alkoholkonsum steht im Zusammenhang mit sozialkulturellen Charakteristika der Umwelt; die kriminogene Bedeutung des Alkoholismus ist hinreichend bekannt[4].

4. Die durch den Alkoholismus verursachten akuten Vergiftungen sowie bleibenden Veränderungen sind sehr riskant (gefährlich) bei gefahrenträchtigen Tätigkeiten und kommen besonders im modernen Massenverkehr zum Ausdruck. Zur Verkehrsdelinquenz führt insbesondere der Konflikt zwischen dem vom Verkehr erforderten Bedürfnis nach einem „neuen" Verhalten und den noch nicht abgelegten schädlichen Gewohnheiten des „geselligen" Alkoholkonsums. Nach Angaben verschiedener Autoren beträgt der Anteil der unter Alkoholeinfluß verursachten Verkehrsunfälle 15—30 % aller Unfälle[5].

5. Die wissenschaftliche Untersuchung des Alkoholproblems im Verkehr ist noch längst nicht zu Ende geführt[6]. Die Verkehrskriminologie bietet gewisse Daten zum Aufbau einer kriminalpoliti-

81) ein, es folgen Norwegen (80), Italien (49), USA (40), Niederlande (30), Spanien (24), Bundesrepublik Deutschland (15), Ungarn (12), Österreich (8) und Jugoslawien (1).

[4] *Šeparović*, Alkohol im Straßenverkehr — einige kriminologische Probleme, Blutalkohol 1970, 449.

[5] Amtliche Statistiken weisen den Alkohol als Ursachenfaktor von Jahr zu Jahr verschieden aus, aber es wird angenommen, daß jeder fünfte Unfall im Straßenverkehr von einer alkoholisierten Person verursacht wird (in Kroatien betrug dieser Prozentsatz im Jahre 1977 19,9 % nach dem Bilten o sigurnosti u prometu 1977).

Nach einer Untersuchung über 187 Verkehrsdelinquenten, die ihre Strafe wegen Verkehrsunfällen verbüßen, waren sogar 138 oder 75,4 % der Untersuchten unter Alkoholeinfluß (der festgestellte Alkoholgehalt im Blut beträgt von 0,56 ‰ bis 2,80 ‰ mit dem Dominanzwert von 1,50 ‰). Das heißt, daß drei von vier Verkehrsdelinquenten im Strafvollzug wegen Verkehrsteilnahme unter Alkoholeinfluß stehen. Siehe *Mlačić*, Specific psychophysiological characteristic of road traffic delinquents, in: Čovjek i promet, 1/1980, S. 34.

[6] Es wurde hingewiesen darauf, daß die Bedeutung des Alkohols im Verkehr ein viel untersuchtes, aber nicht bis zu Ende erforschtes Problem sei. Siehe: *Milčinski*, Uvod u sudsku medicinu [Einführung in die Gerichtsmedizin], Belgrad 1962, 229.

schen Grundlage für die notwendige Gesellschaftskontrolle in diesem äußerst empfindlichen Bereich[7].

6. Um zu erreichen, daß unnötige Unfälle im Verkehr, hervorgerufen durch Alkoholgenuß, vermieden werden, müssen wir unter Zuhilfenahme kriminologischer und anderer exakter Forschungen, durch adäquate soziale Kontrolle und Anwendung der Verhaltensvorschriften und mit Unterstützung der öffentlichen Meinung (wo es noch allerhand zu verändern gibt) zu folgendem gelangen: 1. daß wir möglichst verhindern, daß ein alkoholbeeinträchtigter Fahrer sich überhaupt hinters Lenkrad setzt; 2. daß wir ein wissenschaftliches System der fehlerfreien Blutalkoholbestimmung ausarbeiten; 3. daß wir eine wirksame präventive, therapeutische und — als ultima ratio — repressive gesellschaftliche Aktion mit adäquaten Mitteln entwickeln. Praktisch nähern wir uns immer mehr einer Prohibition an.

7. Das jugoslawische Strafrecht, ähnlich wie das deutsche[8], enthält für die Behandlung der Trunkenheit relativ strenge Grundsätze. Die selbstverschuldete Trunkenheit wird bei der allgemeinen Kriminalität in der Regel nicht strafmildernd berücksichtigt. Wenn es sich um die Herbeiführung eines Unfalls mit schweren Folgen unter Alkoholeinfluß handelt, findet selbstverschuldete Trunkenheit in der Regel strafschärfende Berücksichtigung.

II. Die Behandlung der Trunkenheit im Verkehr im Strafrecht

Mit dem am 1. Juli 1977 in Kraft getretenen Strafgesetz der SFR Jugoslawien und den Strafgesetzen der Republiken und Provinzen Jugoslawiens haben sich Inhalt und Form des ursprünglichen StGB SFRJ von 1951 in einem Ausmaß gewandelt wie nie zuvor. Durch die Bundesverfassung von 1974 ist in Jugoslawien die Kompetenz des Bundesgesetzgebers für die Strafgesetzgebung

[7] Vgl. *Kaiser*, Verkehrsdelinquenz und Generalprävention, 1970. *Inić*, Etiologija saobraćajnih nezgoda na putevima [Ursachenlehre der Straßenverkehrsunfälle], Belgrad 1978.

[8] *Jescheck*, Lehrbuch des Strafrechts, Allg. Teil, 3. Aufl. 1978, S. 363. Es ist jedoch fraglich, ob auch in Jugoslawien wie in Deutschland die relativ strenge Behandlung der Trunkenheit mit dem Mangel an Unrechtsbewußtsein in Einklang steht. Wie wir noch zeigen werden, gibt es in Jugoslawien einen vergleichbaren Tatbestand zu § 330 a (jetzt 323 a) StGB. Hauptgrundsatz ist der der actio libera in causa — verschuldete Trunkenheit ist kein Schuldausschließungsgrund und im Prinzip kein strafmildernder Umstand.

auf den Allgemeinen Teil sowie einige den Gesamtstaat betreffende Materien des Besonderen Teils beschränkt worden. Auf dem Gebiet des Verkehrsstrafrechts sind nur die Straftaten gegen die Sicherheit des *Luftverkehrs* Sache des Bundes. Im übrigen ist die Kompetenz sechs Einzelrepubliken und den beiden autonomen Provinzen zugewiesen. Dies mag dem ausländischen Beobachter beinahe als „föderalistischer Luxus" erscheinen[9], aber es ist eine Notwendigkeit und die Folge der Vielgestaltigkeit politischer, sozialer und kultureller Bedingungen. Wie wir zeigen werden, sind jedoch regionale Unterschiede im Verkehrsrecht nicht wünschenswert. Der Verkehr ist nämlich seinem Wesen nach ausgesprochen international und stellt einen bedeutenden Faktor in den internationalen Beziehungen dar: internationaler, regionaler und Binnen- („nationaler") Verkehr erscheinen heute mehr denn je als eine Einheit.

Die Regelung des Strafprozesses und das materielle Verkehrsrecht, auch die wichtigsten Ordnungswidrigkeiten im Straßenverkehr, bleiben dem Bund vorbehalten. Daneben gibt es eine Gesetzesautonomie der Republiken und Provinzen für den strafrechtlichen Schutz des *öffentlichen Verkehrs* (mit Ausnahme des Luftverkehrs).

Es hat sich gezeigt, daß gerade für das Fahren unter Alkoholeinfluß ein wichtiger Unterschied innerhalb Jugoslawiens entstanden ist. Mit Ausnahme Sloweniens haben nämlich alle anderen föderalen Einheiten einen neuen Tatbestand — den der Trunkenheit im Verkehr — eingeführt[10]. Bedeutung und Aktualität[11] rechtfertigen es, zunächst diese Regelung darzustellen, obwohl sie eine der jüngsten einschlägigen Sonderbestimmungen ist.

Die Geschichte. In Jugoslawien ist seit dem ersten Nachkriegsjahr strafbar, ein Fahrzeug „in angetrunkenem Zustand zu füh-

[9] *F. C. Schroeder*, Strafgesetz der Sozialistischen Föderativen Republik Jugoslawien vom 28. Juli 1976, Einführung, Jahrbuch für Ostrecht XVIII (1977), S. 298.

[10] In fast gleicher Fassung finden wir diese Regelung in Art. 164 StG Kroatiens, Art. 186 Montenegro, Art. 182 StG Bosnien und Herzegowina, Art. 240 StG Mazedonien, Art. 196 StG Serbien, Art. 166 StG Kosovo und Art. 160 StG Vojwodina.

[11] *Horvatić*, Sudjelovanje u prometu pod utjecajem alkohola ili drugih omamljujućih sredstava [Teilnahme im Verkehr unter Alkoholeinfluß und anderer berauschender Mittel], Sudskomedicinske i pravne aktualnosti, Zagreb 1979, S. 43.

ren". Als sicherer Beweis galt 1,5 Promille. Erst später (Straßenverkehrsgesetz = SVG aus dem Jahre 1965) ist die Grenze auf 0,5 Promille herabgesetzt worden. Im Jahre 1970 wurde das absolute Alkoholverbot für Berufsfahrer im öffentlichen Verkehr eingeführt, das im Jahre 1974 auf alle Berufsfahrer erweitert worden ist. Man ist der Meinung, daß bereits bei einem Konsum geringer Mengen alkoholhaltiger Getränke eine erhebliche Gefahr im Verkehr entsteht[12]. Im Interesse der Verhütung der unter Alkoholeinwirkung begangenen Straftaten im Verkehr kommt es vor allem darauf an, nicht von einer unteren Grenze, sondern von der wesentlichen und klaren Einsicht auszugehen, daß jeder Alkoholkonsum vor Antritt oder während der Durchführung einer Fahrt als Mißbrauch zu bewerten und zu vermeiden ist[13]. Das haben nicht nur einzelne Experten, sondern auch die Gesellschaft für Gerichtliche Medizin Jugoslawiens verlangt[14]. Das Fahren unter Alkoholeinfluß ist für die Berufstätigen im Verkehr und für die Fahrer der Kategorien *C* und *D* ohne Beschränkung verboten. Für die anderen gilt die 0,5-Promillegrenze. Wird bei einer *geringeren* BAK ein Unfall verursacht, dann muß zur Begründung dieser Verantwortlichkeit wegen des Unfalls mit seinen Folgen eine *spezielle* Pflichtwidrigkeit nachgewiesen sein.

Verkehrsgefährdung durch Trunkenheit (Art. 164) ist ein *konkretes Gefährdungsdelikt*, anders als § 316 dt.StGB. (Im jugoslawischen Recht finden wir ein abstraktes Gefährdungsdelikt der Trunkenheit im Verkehr als Ordnungswidrigkeit in Art. 203, Pt. 14 SVG.) Schutzobjekt der Vorschrift des Art. 164 ist die Sicherheit des Straßenverkehrs. Die Tathandlung besteht darin, daß der Täter im Zustand rauschbedingter *offensichtlicher Fahruntüchtigkeit* ein Motorfahrzeug führt. Sein fahruntüchtiger Zustand allein macht den Täter noch nicht nach Art. 164 strafbar. Es geht auch um den Grad dieses Zustandes. Er muß zur sicheren Führung des Fahrzeuges *offensichtlich* untüchtig sein. Da es sich um eine neue Vorschrift handelt, gibt es noch keine klare und

[12] *Lacković*, O uslovima i načinu utvrdjivanja alkoholne opijenosti [Über die Bedingungen und Arten der Feststellung der Alkoholtrunkenheit], Belgrad 1972.

[13] *Atanacković*, Krivično pravo, Posebni deo [Strafrecht, Besonderer Teil], Belgrad 1979.

[14] *Šeparović*, Krivično pravo, Posebni deo [Strafrecht, Besonderer Teil], Zaštita čovjeka i njegovih vrijednosti [Schutz des Menschen und seiner Würde], Zagreb 1979, S. 165.

sichere Rechtsprechung. Man berücksichtigt deutsche Literatur und Judikatur. Die Entwicklung geht in zwei Richtungen: Einmal orientiert sie sich am hohen Alkoholgehalt des Blutes (1,5 ‰ und mehr), um eine *„offensichtliche Fahruntüchtigkeit“* festzustellen. Andererseits sucht man auch andere Beweise, um diesen Begriff zu klären.

Art. 164 betrifft nicht nur den Genuß *alkoholischer Getränke*, sondern auch *anderer berauschender Mittel.* Entsprechendes findet man auch im Ordnungswidrigkeitenrecht: die Strafdrohung ist die gleiche für das Fahren in angetrunkenem Zustand wie für das Fahren unter Einfluß von Drogen und psychoaktiven Medikamenten (Art. 144 und 203 SVG). Das sind die in Art. 3 des Betäubungsmittelgesetzes aufgezählten Stoffe. Nach Art. 140 SVG gehören dazu auch Psychopharmaka, wie Librium und Valium. Ob dazu auch gewöhnliche Medikamente zählen, die keine berauschende Wirkung haben, ist umstritten.

Der Täter muß ein Fahrzeug geführt haben. Das Fahrzeug wird geführt, wenn der Täter es im öffentlichen Straßenverkehr in Bewegung setzt. Der Begriff ist daher enger als der der Teilnahme am Verkehr. Führer ist, wer am Steuer sitzt und die für die Fortbewegung des Motorfahrzeuges erforderlichen Mechanismen auslöst. Auch der Mitfahrer, der plötzlich ins Steuer greift, ist Fahrzeugführer. Art. 164 StGK bezieht sich auf das Führen eines *Motorfahrzeuges.* Motorfahrzeug im Sinne des Gesetzes ist gemäß Art. 3 StGK „jedes Fahrzeug mit eigenem Motorantrieb“. Motorfahrzeuge sind auch landwirtschaftliche Motorfahrzeuge u. ä.

Durch das „unscharf“ gefaßte Tatbestandsmerkmal *„offensichtlich untüchtig“* ist eine erhebliche Überforderung der Polizeibeamten und Belastung der Staatsanwaltschaften und Gerichte entstanden. Der Polizeibeamte steht sicher vor einer nicht leichten Entscheidung, was er zum Zeitpunkt der ersten Ermittlungssituation als „schwerwiegende“ Straftat interpretieren soll, unter Umständen bildet seine Beurteilung ein nicht unbedenkliches Präjudiz. Das gleiche gilt für die anderen repressiven Organe.

Die Diskussion um die Feststellung der *„Toleranzgrenze* für Angetrunkenheit im Straßenverkehr“ ist immer noch nicht abgeschlossen, obwohl neueste epidemiologische Studien u. a. in Norwegen (*Christiansen* et al., 1978) und Laborexperimente (Übersicht bei *Richter* u. *Hobi,* 1975) den Grenzwert bei einer Blutalkoholkonzentration (BAK) von 0,5 ‰ rechtfertigen. Es ist bekannt, daß bei einer derart niederen BAK verschiedene zusätzliche Einflüsse kompensierend (vgl. *Borkenstein* et. al., 1974 und *Gerchow*, 1968) auf das Fahrverhalten wirken können. Die Ergebnisse (*Richter/Hobi*, 1979) rechtfertigen wissenschaftlich die Festlegung einer Toleranzgrenze bei 0,5 ‰, also der Grenze, welche auch von der WHO vorgeschlagen worden ist[15]. Die Gefährlichkeit der „kleinen Dosen" ist so oft und so nachhaltig dargestellt worden, daß es insoweit keiner unterstützenden Ausführungen bedarf. Eine Vielzahl von Ländern hat dies in ihrer Verkehrsgesetzgebung bereits berücksichtigt.

Im jugoslawischen Verkehrsstrafrecht gibt es einen sogen. *Gefahrengrenzwert:* nach Art. 145 SVG ist er 0,5 ‰ bzw. 0,0 ‰ für die Berufsfahrer! Einen *Beweisgrenzwert* gibt es nicht, auch nicht in der Rechtsprechung[16]. Man kann nur annehmen, daß absolute Fahrunsicherheit bei *„offensichtlicher Untauglichkeit"* der sicheren Führung des Fahrzeugs vorliegt.

Die *Feststellung der Blutalkoholkonzentration* ist wichtigstes Beweismittel für den Nachweis der alkoholbedingten Fahruntüchtigkeit. Rechtliche Grundlage bildet Art. 259 jugosl. StPG und Art. 192 SVG. Neben der Blutprobe benutzt man auch die Atemprobe, Harnprobe und klinische Beobachtung, wobei sich in der Praxis die Blutanalyse durchgesetzt hat.

Zum Nachweis der Blutalkoholkonzentration sind verschiedene Verfahren entwickelt worden. Bis in die jüngste Zeit wurden zur Feststellung der Blutalkoholkonzentration (BAK) hauptsächlich das Verfahren nach *Widmark* und das *ADH-Verfahren* angewandt. In den letzten Jahren findet sich immer mehr, wie

[15] *Reiner/Hobi*, Der Einfluß niedriger Alkoholmengen auf Psychomotorik und Aufmerksamkeit, Blutalkohol 1979, 384.

[16] Die Rechtsprechung knüpft nicht an bestimmte Grenzwerte an, sondern setzt voraus, daß im Einzelfall der Nachweis erbracht wird, daß der Fahrer infolge alkoholbedingter Ausfallerscheinungen fahruntüchtig war. In der Literatur wird für die absolute Fahruntüchtigkeit bei Kraftfahrern im Straßenverkehr der Grenzwert auf eine BAK von mindestens 1,5 ‰ festgelegt. Das sind aber nur vereinzelte Vorschläge (*Šeparović* [Anm. 14], S. 168; *Kobe*, Krivična djela ugrožavanja javnog saobraćaja u sudskoj praksi i krivičnopravnoj teoriji, Jug. rev. za krim. i kriv. pravo 1 (1964) [Straftaten der Straßenverkehrsgefährdung in der gerichtlichen Praxis und in der strafrechtlichen Theorie], S. 120; siehe auch *Bačić*, Krivično pravo, opći dio [Strafrecht, AT], Zagreb 1979, S. 249 ff.).

in der Bundesrepublik, auch die *gaschromatographische* Methode. Man hat versucht, die Methoden zur Feststellung der Angetrunkenheit zu vereinheitlichen. Nach *Lacković* durchläuft der Fahrer, der von Stockholm nach Ljubljana fährt, vier verschiedene Systeme von Beurteilung und Beweisen[17]. Seit 1969 arbeitet man im Institut für Kriminalistik in Zagreb mit der gaschromatographischen Methode. Im Prinzip sollte man immer zwei Methoden anwenden. Die zweite Blutprobe ist in der gerichtsmedizinischen Literatur umstritten, weil die Doppelblutentnahme nicht geeignet ist, die Höhe des individuellen Abbauwertes zu ermitteln.

Die Polizeibehörde darf denjenigen Fahrer, der verdächtig ist, unter Alkohol zu stehen, und in diesem Zustand ein Fahrzeug lenkt oder es zu lenken versucht, mit Hilfe entsprechender Mittel oder Geräte untersuchen oder zwecks Feststellung des Alkohol-, Drogen- oder Psychopharmakaeinflusses auf seine Fahrtüchtigkeit einer ärztlichen Untersuchung zuführen (Art. 192 SVG). Bei einem Verkehrsunfall, der Tote, Verletzte oder schwere Sachschäden zur Folge hat, entscheidet die Polizeibehörde, ob eine Blutanalyse beim Fahrer und anderen unmittelbar am Verkehrsunfall beteiligten Personen, die unter dem Verdacht des Alkoholeinflusses stehen, vorgenommen werden soll.

Vereitelung der Blutprobe ist eine Ordnungswidrigkeit. Nach Art. 192 und 203 SVG wird mit Geldstrafe (Buße) oder mit Gefängnis bis zu zwei Monaten bestraft, wer sich einer entsprechenden fachkundigen Untersuchung, ob er unter Alkohol, Drogen oder psychoaktiven Mitteln steht, widersetzt. Die Strafdrohung ist die gleiche wie für das Fahren in angetrunkenem Zustand. Diese Ordnungswidrigkeit ist eine strafbare Selbstbegünstigung. Eine Verpflichtung, sich der *Alcotestprüfung* zu unterziehen, besteht nicht. Mit der Weigerung ist jedoch für den Beschuldigten nicht viel gewonnen. Wenn nämlich die Vermutung besteht, daß er sich unter Alkoholeinwirkung befindet, kann die *Entnahme einer Blutprobe angeordnet werden.* Das allerdings nur bei Verdacht auf Begehung einer Straftat, nicht aber dann, wenn lediglich eine Ordnungswidrigkeit in Betracht kommt. Die Blutprobe darf nur von einem Arzt entnommen werden. Die Entnahme einer Harnprobe ist zulässig. Über die Art und Weise der Blutentnahme und über die anschließend anzuwendenden Prüfmethoden bestehen Richtlinien.

[17] *Lacković* (Anm. 12), S. 53.

Im Jugoslawischen Strafrecht stellt die strafbare Handlung (Straftat) der *Gefährdung des öffentlichen Verkehrs* (Art. 163 StGK u. a.) das Grunddelikt im Verkehrsstrafrecht dar (Gefährdung des *Luftverkehrs* ist im jugoslawischen StG vorgesehen, Art. 241 StGJ). Es unterscheidet, wie etwa § 315 a und 315 c dt. StGB, Gefährdung des Straßenverkehrs (Art. 163 Abs. 1) und Gefährdung des Bahn-, Schiffs-, Straßenbahn-, Trolleybus-, Autobus- oder Schwebebahnverkehrs (Art. 163 Abs. 2 StGK). Die in Art. 163 StGK geregelten Straftaten sind konkrete Gefährdungsdelikte. Das Schutzobjekt ist die *Sicherheit* der (entsprechenden) *Verkehrs-* bzw. *Fahrzeugarten.* Es genügt aber eine konkrete Individualgefahr. Der Versuch der Gefährdung des Straßenverkehrs ist *nicht* strafbar. Dagegen ist Fahrlässigkeit mit Strafe bedroht.

Die Gefährdungsdelikte im Straßenverkehr weisen bei alkoholbedingten Handlungen gewisse Besonderheiten auf. Trunkenheit im (Straßen-)Verkehr (Art. 164 StGK) ist ein Sonderdelikt: während es für alle anderen Fahrzeugarten auf die Bewertung des Zustandes im Einzelfalle ankommt, gilt für Führer von Kraftfahrzeugen das Kriterium „offensichtliche Untüchtigkeit".

Die Vorschrift der Gefährdung des Straßenverkehrs (Art. 163 Abs. 1) erfordert zusätzlich zu den genannten Voraussetzungen, daß „dadurch für einen anderen eine leichte Körperverletzung oder ein Schaden im Wert über 10 000 Dinar (im StG Slowenien 20 000 Dinar, etwa 2000 DM) entsteht". Es handelt sich um *objektive Bedingungen der Strafbarkeit,* also Umstände, die in unmittelbarem Zusammenhang mit der Tat stehen, aber weder zum Unrechts- noch zum Schuldtatbestand zählen. Sie gehören sämtlich zu den materiellen Voraussetzungen der Strafbarkeit[18]. Es sind dies jene Fälle, in denen ein kriminalpolitisches Bedürfnis, eine schuldhafte Normverletzung zu bestrafen, ausnahmsweise erst durch zusätzliche, außerhalb der Schuld liegende Umstände begründet oder umgekehrt ausgeschlossen wird. Was übrig bleibt, d. h. eine Straßenverkehrsgefährdung ohne die oben genannten objektiven Bedingungen, wird als bloße, im Straßenverkehrsrecht vorgesehene Ordnungswidrigkeit geahndet.

[18] *Jescheck* (Anm. 8), S. 448 ff.; *Bačić* (Anm. 16), S. 285; *Zlatarić*, Rječnik krivičnog prava i postupka [Wörterbuch des Strafrechts und Strafprozeßrechts], Zagreb 1966, S. 197.

Art. 163 StGK stellt eine Rahmenstrafdrohung auf; man kann es als Blankettgesetz bezeichnen. *Der innere Tatbestand.* Strafbar ist vorsätzliche wie fahrlässige Begehung. Nach Art. 11 StGJ ist strafrechtlich verantwortlich, wer zurechnungsfähig ist und eine Straftat vorsätzlich oder fahrlässig begeht. Es gibt gesetzliche Definitionen der Zurechnungsfähigkeit (Art. 12 StGJ), des Vorsatzes (Art. 13) und der Fahrlässigkeit (Art. 14), außerdem die Vorschrift über die Verantwortlichkeit für schwere Tatfolgen (Art. 15).

Das Schuldproblem ist im jugoslawischen Schrifttum gerade in bezug auf die Fahrlässigkeitsdelikte ein Stein des Anstoßes[19]. In der Praxis finden wir große Unterschiede in Auswahl und Qualifikation: als vorsätzliche Begehung finden wir in Slowenien nur 0,4 % der Fälle, dagegen in Vojwodina sogar 29,6 % aller Fälle der Gefährdung des öffentlichen Verkehrs (früherer Art. 271 StGBJ)[20]. Es ist hier wichtig hervorzuheben, daß gerade Trunkenheit im Verkehr in der Regel als vorsätzliche Begehungsform dieser Straftat vorkommt. Die Schwierigkeiten sind besonders groß beim bedingten Vorsatz (dolus eventualis) in bezug auf die Herbeiführung der Gefahr als Tatbestandsmerkmal. Fahrlässige Verletzung und Gefährdung im Straßenverkehr haben auch große Schwierigkeiten im Strafrecht gebracht. Außerdem ist zu bemerken, daß die neuen Strafbestimmungen über actio libera nicht auf den Straßenverkehr und auf Kraftfahrzeugführer beschränkt sind, obwohl sie sich in erster Linie gegen diese richten[21].

Der qualifizierte Tatbestand. Neben den Grundtatbeständen der Art. 163, 164 u. a. finden wir in Art. 168 den qualifizierten Tatbestand (schwere strafbare Handlungen gegen die Sicherheit

[19] Siehe *Bavcon,* Nehat kao oblik vinosti u savremenom krivičnom pravu [Fahrlässigkeit als Schuldform im Strafrecht], Jug. rev. za krim. i kriv. pravo, 2 (1964), S. 199; *ders.,* Neki teoretski problemi krivične odgovornosti [Einige theoretische Probleme der strafrechtlichen Verantwortlichkeit], JRKKP 1965, S. 305. *Singer,* Nehat „kamen smutnje" u teoriji krivičnog prava [Fahrlässigkeit als „Stein des Anstoßes" im Strafrecht], Naša zakonitost 1964.

[20] *Pavčnik,* Ogrožanje javnega prometa z eventualnim naklepom, [Die Gefährdung des öffentlichen Straßenverkehrs], Revija za kriminalistiko in kriminologijo, 3 (1972), S. 193.

[21] Art. 12 Abs. 3 umfaßt jetzt (nach 1977) auch die „fahrlässige" actio libera (er lautet: ... „oder sofern der Täter hinsichtlich der Straftat fahrlässig gehandelt hat und das Gesetz für diese Tat strafrechtliche Verantwortung auch bei fahrlässiger Begehung vorsieht").

des öffentlichen Verkehrs). Fehlt die Kenntnis der Merkmale dieses Deliktes, so sind nur der Grundtatbestand des Art. 163 oder 164 oder andere Grundtatbestände verwirklicht. Es handelt sich ausschließlich um die in dem Tod eines oder mehrerer Menschen, einer schweren Körperverletzung oder einem Vermögensschaden großen Ausmaßes bestehenden schweren Folgen. Eine schwerere Strafe kann nur dann gegen den Täter verhängt werden, wenn ihm hinsichtlich der Folge Fahrlässigkeit zur Last fällt.

Die Probleme der *Unzurechnungsfähigkeit* liegen bei der Trunkenheit im Verkehr etwas anders als in den übrigen Gebieten des Strafrechts. Die Teilnahme am Verkehr im Zustand völliger Zurechnungsunfähigkeit kommt nicht allzu oft vor. Häufiger ist wohl, daß der Fahrzeuglenker unter Alkoholeinfluß nur vermindert zurechnungsfähig oder zurechnungsfähig ist. Trotzdem wird es für uns auch dort, wo wir eine vollständige Unzurechnungsfähigkeit feststellen, kein Problem sein, daß wir in der Regel einen solchen Täter für schuldig erklären, natürlich nur dann, wenn gewisse Bedingungen erfüllt werden (actio libera, Art. 12 Abs. 3 StGJ).

Bei bloßer Teilnahme oder versuchter Teilnahme am Straßenverkehr in betrunkenem Zustand macht man sich einer Verwaltungsübertretung schuldig. Um den Tatbestand einer gerichtlich strafbaren Handlung zu verwirklichen, bedarf es einer Gefährdung des öffentlichen Verkehrs durch Herbeiführen einer konkreten Gefahr für Leben oder Leib von Menschen oder für Vermögen in größerem Umfang (Art. 163 oder 164 StGK). Dieses Erfordernis ist natürlich erst recht erfüllt bei Verwirklichung einer solchen Gefahr durch Verletzung geschützter Rechte (Körperverletzung, Tod eines Menschen oder Vermögensschaden größeren Umfangs, Art. 168 StGK).

Damit Strafbarkeit bezüglich des Delikts der Gefährdung des öffentlichen Verkehrs (gemäß Art. 163 oder 164 StGK) vorliegt, muß die Trunkenheit in *ursächlichem* Zusammenhang mit der aufgetretenen Folge stehen. Wenn sich der Verkehrsunfall auch ohne das Vorliegen von Trunkenheit ereignet hätte, kann der unter Alkoholeinfluß stehende Täter nur wegen der Verwaltungsübertretung, nicht aber wegen der gerichtlich strafbaren Handlung zur Rechenschaft gezogen werden.

Der Täter muß sich selbst bewußt in einen trunkenen Zustand versetzt haben. Im gegenteiligen Falle müssen wir seine Unzurechnungsfähigkeit oder seine verminderte Zurechnungsfähigkeit angesichts der *unverschuldeten Berauschung* als Schuldausschließungsgrund oder als mildernden Umstand werten.

Die Berauschung kann nämlich gänzlich unverschuldet, d. h. ganz unabhängig vom Willen des Täters sein, verursacht etwa durch Gewaltanwendung oder Täuschung, oder sie kann in einem entschuldbaren Irrtum geschehen sein. Die Berauschung kann schließlich auch nur unwesentlich oder nur teilweise verschuldet sein. Das hängt von den Umständen des Falles ab. Die nachstehenden Fälle sind keineswegs gleichgelagert: Wenn jemand während oder unmittelbar vor einer Fahrt, von der er weiß oder von der er hätte wissen können, daß sie ihm bevorsteht, Alkohol zu sich nimmt, oder aber, wenn jemand überhaupt nicht ahnt, daß ihm unmittelbar oder in einer Zeitspanne, in der er sich unter Alkoholeinfluß befindet, eine Fahrt bevorsteht, und es nun auch wegen besonderer Umstände zur Fahrt in betrunkenem Zustand kommt (überredet durch andere oder zur Abwendung einer wirklichen oder vorhersehbaren Gefahr u. ä.). Der Unrechts- und Schuldgehalt im ersten und zweiten Fall ist nicht gleich: in dem einen Fall liegt eine strafbare Handlung vor, im anderen Fall haben wir es mit einem mildernden Umstand zu tun, der in manchen Fällen von solcher Intensität sein kann, daß er eine Strafmilderung, ja sogar eine Strafaufhebung rechtfertigt.

Sehr sorgfältig sind eventuelle Einwendungen des Täters zu untersuchen, die er zu seiner Verteidigung anführt. Denn bei der Arbeit der Gerichtshöfe ist die Tendenz zu bemerken, daß sie gerade mit unter Alkoholeinfluß stehenden Fahrern sehr streng und rigoros verfahren: Fahrern wird die Schuld an jedem Verkehrsunfall zugeschrieben, wenn sie unter Alkohol standen. Der Täter kann behaupten, er habe nur eine ganz geringe Menge Alkohol zu sich genommen oder er habe nicht gewußt, daß der Alkoholgenuß nach der Einnahme von Medikamenten unzulässig sei, oder zwischen dem Zeitpunkt des Alkoholgenusses und der Fahrt sei eine längere Zeit vergangen. In diesen Fällen taucht die Frage des *Irrtums* auf.

Die *Verantwortung Dritter* finden wir ausdrücklich in Art. 166 StGK (Ungewissenhafte Beaufsichtigung des öffentlichen Verkehrs). In gewissen Fällen können nämlich auch Personen, die nicht unmittelbar am Verkehr teilgenommen haben, zur Verantwortung gezogen werden. Es handelt sich eigentlich um ein Amtsdelikt im Verkehr. In Abs. 2 findet sich auch eine Prävention der Alkoholfahrt: Bestraft wird eine verantwortliche Person, der die Aufsicht über die Erhaltung von Verkehrsmitteln oder über den öffentlichen Verkehr anvertraut ist und die eine Fahrt erlaubt, obwohl sie weiß, daß der Fahrer wegen „Alkoholeinflusses nicht in der Lage ist, das Fahrzeug sicher zu führen“. Die Strafdrohung beträgt Gefängnis bis zu fünf Jahren. Auch Fahrlässigkeit wird bestraft. Die Verantwortlichkeit beider kann zugleich vorliegen, wenn bei beiden das besondere Tätermerkmal gegeben ist. Diese Möglichkeit *doppelter Verantwortlichkeit* besteht vor allem in Betrieben. Es gibt eine ganze Reihe von organisatorischen Bestimmungen und Verhaltensnormen über die interne Kontrolle der Betriebssicherheit, was besonders wichtig für Transportwesen und Verkehrssicherheit im allgemeinen ist.

Anders als in der Bundesrepublik ist eine Unterlassungsproblematik in bezug auf eine Garantenstellung des Gastwirts nicht diskutiert worden. Es gibt auch keine bekanntgewordenen entsprechenden Fälle in der Gerichtspraxis. In der Doktrin folgt man der deutschen Lehre[22].

Trunkenheit beim Opfer: Das Verständnis der Rolle des Opfers in der vorkriminellen Situation und seines Beitrags zur Genese des Verbrechens und des Unfalls ist sehr bedeutsam für die Verbrechenskontrolle und die Unfallprävention. Damit beschäftigt sich eine neue Disziplin: die Viktimologie, eine selbständige Disziplin, die sich als Parallelwissenschaft zur Kriminologie und zur Sicherheitswissenschaft versteht und sich den Opfern von Verbrechen und Unfällen zuwendet. In den letzten Jahren sind wichtige Fortschritte auf diesem Gebiet erzielt worden. Durch die Viktimologie soll ein System vorbeugender und therapeutischer Maßnahmen entwickelt werden, um das potentielle Zum-Opfer-Werden zu verhindern. Eine Zentralfrage im Erforschen devianten Verhaltens ist die *Rolle des Opfers*. In welchem Ausmaß hilft das Opfer dabei, die Viktimisation herbeizuführen, sie zu ermutigen, zu ihr beizutragen[23]?

Die Rolle der Angetrunkenheit beim Verletzten im Straßenverkehr ist Gegenstand verschiedener Forschungen. Eine jugosla-

[22] Siehe *Bačić* (Anm. 16), S. 177, beruft sich auf *Jescheck*, *Schultz* und *Nowakowski*.

[23] Ergebnisse und Empfehlungen, International Study Institute on Victimology, Bellagio (1975), in: Das Verbrechensopfer, hrsg. von *Kirchhoff* und *Sessar*, 1979, S. 501.

wische Untersuchung hat folgende Daten über den Alkoholisierungsgrad von tödlich Verunglückten ergeben[24]:

	1958 bis 1961	1962 bis 1965	1966 bis 1969	1970 bis 1973	1974 bis 1975
Kraftfahrer	57,1	50,0	30,7	30,0	25,2
Berufskraftfahrer	66,6	53,0	50,0	35,7	22,6
Motorradfahrer	21,2	35,5	15,7	14,2	20,2
Radfahrer	25,0	17,9	14,0	18,5	10,3
Fußgänger	18,5	11,2	17,4	20,7	16,3

Diese Angaben geben Anlaß zu einem sehr positiven Schluß: Die Teilnahme im Verkehr unter Alkoholeinfluß ist in den letzten Jahrzehnten (1958—1975) rückläufig. Die Lage hat sich verbessert. Durch Feststellen von Alkoholeinfluß beim Verunglückten ist es möglich zu sagen, daß damit die *Mitverantwortung des Opfers* hervorgehoben wird. Es handelt sich um einen mehr oder weniger aktiven Beitrag des Opfers zum Verbrechen oder um ein selbstverursachtes und selbstverschuldetes Unfallgeschehen. Damit wird die Situation der Straffälligkeit erhellt und eine *gerechte Beurteilung* ermöglicht[25].

Eine *Einwilligung* wäre relevant, wenn man die Gefährdung des Verkehrs als Individualgefahr betrachten würde. Da aber die Schutzrichtung dieser Vorschrift sich auf die Sicherheit des Verkehrs erstreckt, ist eine Einwilligung des Opfers unerheblich. Der Betroffene kann nicht über die Sicherheit des öffentlichen Verkehrs disponieren. Lebens- und Leibesintegrität hat nämlich nicht nur individuellen, sondern auch sozialen Wert[26].

Die Teilnahme am Vorsatzdelikt in Art. 163 Abs. 1 und 2, 164 Abs. 1 ist, wenn sowohl das pflichtwidrige Verhalten wie auch die Gefahr vom Vorsatz getragen sind, als Anstiftung und Beihilfe möglich. Im übrigen ist die Teilnahme sehr umstritten[27].

[24] *Pandurović*, in: Alkoholizam, etiologija, klinika, lečenje i prevencija [Alkoholismus, Ätiologie, Klinik, Behandlung und Vorbeugung], hrsg. von *Despotović, Ignjatović, Fridman, Nisch* 1978, S. 372.

[25] *Separović*, Victimology: A New Approach in the Social Sciences, in: Victimology: A New Focus, Bd. 1, hrsg. von *Drapkin* und *Viano*, 1974, S. 15.

[26] *Frank*, Teorija kaznenog prava [Theorie des Strafrechts], Zagreb 1955, S. 79.

[27] *Bačić* (Anm. 16), S. 337 ff.; *Bavcon/Šelih*, Kazensko pravo Splošni del [Strafrecht AT], Ljubljana 1978, S. 228 ff.

III. Die Maßnahmen gegen betrunkene Kraftfahrer

Als geeignete Maßnahmen gegen die Kraftfahrer kommen sowohl eigentliche Strafen als auch Maßregeln der Sicherung in Betracht. So verschieden, wie die Stellungnahme zur strafrechtlichen Regelung der Trunkenheit überhaupt ist, kann auch die Begründung einer besonderen strafrechtlichen Behandlung berauschter Täter grundverschiedenen gesetzgebungspolitischen Motiven entspringen. Ein wesentliches gesetzgeberisches Motiv, den berauschten Straffälligen eine besondere Stellung einzuräumen, ist zweifellos ein mehr oder weniger offen zugegebenes Bedürfnis nach vergeltender Repression gegenüber solchen Tätern. Es ist offenbar schwer zu ertragen, die strenge Folge aus einem Schuldstrafrecht zu ziehen und Zurechnungsunfähige straflos zu lassen, mag ihre Zurechnungsunfähigkeit wie auch immer begründet sein[28].

Hinsichtlich der Lage der Alkoholtäter scheint sich im Strafrecht, auch in Jugoslawien, die Ansicht durchzusetzen, daß es sich beim Alkoholismus des *chronischen* Alkoholikers um eine Krankheit handelt, die als solche auch zu heilen ist. Auf der anderen Seite wird *akute gelegentliche Trunkenheit* als grober Exzeß gegen die gesellschaftliche Disziplin betrachtet; im Verkehr wird sie mit größerer Strenge als jede andere persönliche Verfehlung geahndet. Anders als beim „Chroniker" werden hier nicht präventiv-therapeutische Mittel angewandt, man beharrt vielmehr immer nachdrücklicher auf der Anwendung von Strafen, und zwar kurzen Freiheitsstrafen, was sonst als schädlich betrachtet wird, während ihnen hier im Verkehr die nützliche Wirkung des sogen. „short sharp shock", also einer Schock-Therapie, zugeschrieben wird[29].

[28] *Schultz,* Die Behandlung der Trunkenheit im Strafrecht, Dogmatische Betrachtungen, in: Die Behandlung der Trunkenheit im Strafrecht, hrsg. von *Waaben* u. a., 1960, S. 29. Siehe auch *Horvatić* (Anm. 11), S. 49.

[29] *Jescheck,* Die Krise der Kriminalpolitik, ZStW 91 (1979), 1057. „Die Krise der Kriminalpolitik zeigt sich unter anderem auch daran, daß die Überzeugung von ihrer (der kurzen Freiheitsstrafe) generellen Schädlichkeit ins Wanken geraten ist". Die kurze Freiheitsstrafe wird in einigen Ländern „häufig angewendet, und zwar manchmal mit dem für die bisherige Kriminalpolitik geradezu zynisch klingenden Argument, daß kurze Freiheitsstrafen immerhin weniger schädlich seien als lange. Außerdem wird geltend gemacht, daß auch ein positiver Effekt in Gestalt eines ‚short sharp shock' zu erwarten sei".

Die Strafen: Im jugoslawischen Strafrecht wird Alkoholtätern *Freiheitsstrafe* angedroht. Je nach Schwere der Tat können Gefängnisstrafen bis zu einem Jahr für die fahrlässige Begehung und bis zu drei bzw. fünf Jahren für vorsätzliche Begehung des Gefährdungsdelikts verhängt werden. Beim qualifizierten Delikt (Art. 168 StGK) sind sehr schwere Strafen angedroht, bis zu zwanzig Jahren in besonders schweren Fällen (Abs. 3). Nur bei Strafmilderung ist eine *Geldstrafe* möglich. Bei Verurteilung zu einer Gefängnis- oder Geldstrafe kann das Gericht den Vollzug der verhängten Strafe auf eine Zeit, die nicht kürzer sein darf als ein Jahr und nicht länger als fünf Jahre, zur Bewährung aussetzen.

Maßgebend für die *Strafzumessung* sind nach Art. 41 StGJ der Grad der strafrechtlichen Verantwortlichkeit, die Beweggründe der Tat, das Maß der Gefährdung oder Verletzung des geschützten Gutes, die Art der Ausführung der Tat, das Vorleben des Täters, seine persönlichen Verhältnisse sowie sein Verhalten nach der Tat und die sonstigen Umstände, die sich auf die Persönlichkeit des Täters beziehen. In der Praxis verhält es sich meistens so, daß bei Strafzumessungsgründen für Alkoholtäter, die weitgehend zuungunsten des Täters lauten, auf unbedingte Gefängnisstrafe erkannt wird, besonders wenn es sich um eine Kombination, nämlich Fahren unter Alkoholeinfluß und schwere Folge eines Unfalls, handelt.

Im Recht der Strafzumessung tendiert die Gesamtentwicklung auf eine Zurückdrängung des freien richterlichen Ermessens zugunsten einer rational überschaubaren und kontrollierbaren Rechtsanwendung. In Sachen Alkohol scheint noch immer eine starre, einseitige Reaktion *(Alkohol als Sündenbock)* einer allzu repressiven Strafzumessung Vorschub zu leisten, die das Streben nach Prävention beeinträchtigt.

In der Praxis zeigt sich auch hier, wie verschieden in den einzelnen Teilrepubliken und Provinzen Jugoslawiens die Strafzumessung ist[30].

[30] Siehe: *Lorger*, Krivično djelo ugrožavanja javnoga cestovnog saobraćaja [Gefährdung des Straßenverkehrs], Zbornik Pravnog fakulteta Split, 11 (1974), S. 160.

Gebiet	Freiheits-strafe	Geldstrafe	Gerichtliche Verwarnung
Bosnien u. Herzegowina	61,8	31,9	6,3
Montenegro	89,3	7,5	3,2
Kroatien	60,6	31,1	2,3
Mazedonien	92,4	5,3	2,3
Slowenien	23,2	74,4	2,4
Serbien	61,0	38,5	0,5
Vojwodina	60,0	36,8	3,2
Kosovo	77,6	13,8	8,6
JUGOSLAWIEN	51,1	46,2	2,7

Es handelt sich um die Strafzumessung für den früheren Art. 271 StGBJ (Gefährdung des öffentlichen Verkehrs).

Eine Frage erhält hier besondere Bedeutung: die des *bedingten Strafvollzugs* (bedingte Verurteilung):

Gefängnisstrafe	63,70 % (bedingt)	7,00 % (unbedingt)
Geldstrafe	1,50 % (bedingt)	25,81 % (unbedingt)
Gerichtliche Verwarnung	1,99 %	

Alkoholtäter werden jedoch in der Regel schärfer bestraft, unbedingte Freiheitsstrafen werden häufiger verhängt(!).

Die Einsicht in die Gefährlichkeit des Alkohols hat den Gesetzgeber zu *ständiger Verschärfung* seiner Haltung gegenüber der Trunkenheit am Steuer in der Überzeugung veranlaßt, daß die verschärften Strafen und Maßregeln im Sinne der Generalprävention wirken können. Da die juristisch-dogmatische Hypothese von der Generalprävention ihre fundamentalen Schwächen hat und empirisch nicht belegbar ist, außerdem eine totale polizeiliche Überwachung nicht möglich ist und auch von niemand ernsthaft gewünscht wird, lebt jede Rechtsordnung davon, daß sie freiwillig eingehalten wird. In Jugoslawien entwickelt man als Teil des selbstverwaltungsgesellschaftlichen Systems das sogen. *System der gesellschaftlichen Selbstverteidigung.* Die Einführung von Maßnahmen, die den Normadressaten dazu anhalten, die lückenhafte Fremdkontrolle durch Erlernen von Selbstkontrolle zu ersetzen, ist sinnvoll und notwendig. Zur Verhaltensänderung durch Einführung von Selbstkontrolle dienen u. a. auch eine Verwarnung mit Strafvorbehalt (bedingte Verurteilung mit oder ohne Schutzaufsicht), oder die Verwarnung allein (gerichtliche

Verwarnung), die auf den Täter in der gebotenen Weise einwirken sollen, so daß er, ohne bestraft zu sein, keine Straftaten mehr begeht. Man versuchte im Entwurf des SVG aus dem Jahre 1979 auch ein *bedingtes Verbot der Führung eines Fahrzeugs* zu ermöglichen(!). Eine *Nachschulung*, nicht als Alternative zum Fahrerlaubnisentzug, sondern als selbständige gerichtliche und polizeiliche Maßnahme, ist möglich. Der Kraftfahrer, der in kurzer Zeit mehrere schwere Verkehrsordnungswidrigkeiten begeht, kann auf eine Nachprüfung über die Kenntnis der Verkehrsvorschriften oder über seine Verkehrstauglichkeit verwiesen werden. Die Möglichkeit, ein vorläufiges Fahrverbot anzuordnen, enthält Art. 195 SVG.

Es gibt auch in Jugoslawien ein falsches Bild von der Verkehrsdelinquenz und der Wirksamkeit des Sanktionssystems[31]. Denn in der Diskussion über die Entwicklung der Verkehrsdelinquenz, besonders der Alkoholfahrten, wird meistens nur auf die Zahl der Verurteilungen verwiesen. Dabei bleibt unberücksichtigt, daß die Zahl der Personen, die Kraftfahrzeuge führen und daher straffällig werden können, seit Beginn der Motorisierungswelle überall ständig zugenommen hat. Eines der besten Anzeichen, daß bei uns die Verkehrssicherheit immerhin besser geworden ist, bildet die Tatsache, daß die Zunahme der Zahl der Personen, die Kraftfahrzeuge führen, und die Zunahme der Zahl von zugelassenen Fahrzeugen höher ist als die Zunahme der Zahl der Verkehrsunfälle und Verkehrsstraftaten(!).

Die schärferen Maßnahmen gegen Trunkenheitstäter schlagen sich, so scheint es, deshalb nicht in einer geringeren Rückfallquote nieder, weil sie bevorzugt auf die Täter mit der höheren Rückfallneigung treffen. Man geht auch in Jugoslawien von der Annahme aus, daß die bisherigen Maßnahmen gegen die Verkehrstrunkenheitsdelikte wenig Erfolg gebracht haben. Ein wesentlicher Effekt von Strafe und Fahrverbot auf das künftige Fahrverhalten habe nicht nachgewiesen werden können. Es muß nicht, aber es kann so sein; ein exakter experimenteller Nachweis für oder gegen diese Annahme ist kaum durchzuführen. Die Ergebnisse der Verkehrsdeliktsstatistik im Zusammenhang mit Änderungen der Verkehrsgesetzgebung sind nicht eindeutig. Das novellierte jugoslawische Gesetz zur Sicherung des Straßenverkehrs

[31] *Seib*, Nachschulung als Alternative zum Fahrerlaubnisentzug, Blutalkohol 1980, 39 ff.

von 1974 sieht bei Alkoholfahrten nach Art. 203 Abs. 3 den Entzug der Fahrerlaubnis mit einer Sperre von mindestens drei Monaten bis zu einem Jahr als Regel (obligatorisch) vor. Seit seinem Inkrafttreten ist eine Zunahme der Anwendung dieser Maßnahme zu beobachten. Aber man weiß nicht, ob das heißt, daß man jetzt sogar mehr unter Alkoholeinfluß fährt, oder ob es die Folge einer Intensivierung polizeilicher Verkehrsüberwachung ist, oder ob es — was am wahrscheinlichsten erscheint — darauf beruht, daß die Neuregelung die Anwendung dieser Maßnahme obligatorisch gemacht hat. Es kann sein, daß die hohe Rückfallquote und die weitverbreitete Tendenz zu Trunkenheitsfahrten uns zu dem Schluß bringen können, daß eine *geringe Beeinflußbarkeit durch Strafmaßnahmen* anzunehmen ist.

In Jugoslawien bzw. in Kroatien ging in den letzten Jahren die Zahl der alkoholbedingten Verkehrsunfälle periodisch zurück. Diese Erscheinung führt man auf eine strengere Bestrafung und auf breitere präventive Tätigkeit der Verkehrsorgane zurück. Beachtlich ist, daß sich die größte Zahl der Unfälle, deren ausschlaggebende Ursache der Alkohol ist, des Nachts — genauer zwischen 19.00 und 2.00 Uhr — ereignet, zu einer Zeit also, in der die Verkehrskontrolle beträchtlich vermindert ist.

In allen Versuchen des Ausbaus einer *Typologie des Verkehrssünders* wird stets der alkoholbeeinträchtigte Täter hervorgehoben. Mit Recht bekämpft man die These, es handele sich bei den Verkehrsdelikten um sogen. Kavaliersdelikte, und man legt Beweise dafür vor, daß wir es im Straßenverkehr mit neuen kriminellen Erscheinungen und kriminellen Verhaltensweisen und Persönlichkeiten *sui generis* zu tun haben. Gerade den alkoholbeeinträchtigten Fahrer bezeichnet man als Kriminellen[32]. Aber die Verkehrsteilnehmer sind in eine potentielle Deliktssituation hineingestellt, die eine volle Konzentration und ein ständiges Anpassen an die Gefahr erforderlich macht. Manchmal kann uns nur noch das „Glück“ vor einer Verletzung der Verkehrsvorschriften bewahren[33]. Das Fahren und die Teilnahme am Verkehr in alkoholbeeinträchtigtem Zustand sind offensichtlich das Zeichen einer

[32] *Fischer*, Vehicle Traffic Law, Evanston 1961, S. 268: „This is one type of traffic offense we prefer to class criminal in the usual sense of a wrong willfully done. It also carries strong implications of a moral nature“.

[33] *Weston*, Homicide on the Highway, in: Crime in America, New York 1961, S. 146.

bewußt negativen Haltung gegenüber den dem einzelnen in der Gesellschaft zukommenden Pflichten.

Viele Untersuchungen zeigen, daß es sich hier um Personen asozialen und antisozialen Charakters handelt. Darunter befinden sich Personen, die auch sonst zur Kriminalität neigen: speziellen oder allgemeinen Rückfall findet man bei über 50 % der Verurteilten[34].

Andererseits treffen wir auch auf Versuche, die Bedeutung der Schädlichkeit der Trunkenheit im Verkehr abzuschwächen. Es wurde darauf hingewiesen, daß es sich eigentlich um keine kriminelle Erscheinung handelt, daß vielmehr der Alkoholgenuß gesellschaftlich anerkannt, oft auch beruflich bedingt ist, daß Prohibition in der Gesellschaft nicht existiert. So zeigt sich der Widerstand gegen jede moralische Verurteilung des Fahrens unter Alkoholeinfluß[35].

Wenn es sich um gelegentliche (akute) Trunkenheit handelt, müßte die Anwendung der Strafsanktionen mit voller Sicherheit und keineswegs geringer Strenge, verbunden mit ernstem gesellschaftlichen Vorwurf, ausgesprochen und angewendet werden. Ohne zu optimistisch über die generalpräventive Wirkung der Strafe zu sein[36], scheint die Anwendung der entsprechenden Strafe gerade für die Alkoholtäter angebracht.

Die Sicherungsmaßnahmen sind eine der wirksamsten Sanktionen im Strafrecht. Das gilt besonders für das *Verbot der Führung eines Kraftfahrzeugs*. Die Maßregel ist seit dem Jahre 1959 im jugoslawischen Recht eingeführt. Das Gericht kann die Maßregel (Art. 63 StGJ) für die Dauer von drei Monaten bis zu fünf Jahren anordnen, wenn sich erweist, daß die Umstände der began-

[34] *Middendorff*, Existe-t-il un rapport entre la délinquance générale et la délinquance routière?, Rev. int. pol. crim., 1 (1968), S. 6.

[35] *Gunzert*, Soziologische Problematik der Verkehrsunfälle und ihre Bekämpfung, Augenarzt und Straßenverkehr, 3 (1964), S. 124.

[36] *Granić*, Preventivni značaj propisa o saobraćaju na putevima [Die präventive Bedeutung der Verkehrsvorschriften], JRKKP 1 (1964), S. 42: In unserer Gesellschaft bestehen Bedingungen dafür, daß sich die generalpräventiven Einwirkungen der Bestrafung günstig entwickeln, besonders im Hinblick darauf, daß die Strafe infolge der Einheitlichkeit, der gegenseitigen Verbundenheit und der Solidarität der Bürger immer mehr den Charakter einer umfassenden *gesellschaftlichen Verurteilung* annimmt. Es scheint, daß man gerade auf dem Gebiet der Repression im Verkehr mit der generalpräventiven Wirkung der Sanktion und ihrer Anwendung zu rechnen hat.

genen Tat oder die frühere Verletzung der Verkehrsregeln durch den Täter eine Gefahr bedeuten, sobald er ein Kraftfahrzeug bestimmter Art oder Kategorie führt. Im *Verwaltungsrecht* existiert die Sicherungsmaßnahme des Führerscheinentzuges, welche für die Alkoholtäter obligatorisch auf die Dauer von wenigstens drei Monaten oder bis zu einem Jahr verhängt werden kann. In Jugoslawien wenden die Gerichte die Sicherungsmaßnahmen noch immer verhältnismäßig selten an; in weniger als 10 % der Fälle von Verurteilungen wegen Gefährdung des Straßenverkehrs werden sie ausgesprochen. Die Rechtsnatur der *Maßregel des Fahrverbots* ist jedoch umstritten.

Die strafrechtliche Regelung bietet auch die Möglichkeit, eine fachärztliche Heilbehandlung, d. h. die Sicherungsmaßregel *Zwangsheilung von Alkoholikern und Rauschgiftsüchtigen*, anzuordnen: nämlich gegenüber einem Täter, der eine Straftat begeht, weil er laufend Alkohol oder Rauschgift zu sich nimmt, und bei dem die Gefahr besteht, daß er wegen dieser Abhängigkeit weitere Straftaten begehen wird. Diese Maßregel wird in der Strafvollzugsanstalt oder in einer Heil- oder sonstigen Anstalt vollzogen. Die Unterbringung in einer solchen Anstalt wird auf die Strafe angerechnet (Art. 65 StGJ). Die gerichtliche Praxis bleibt auch hier hinter den gesetzlich eingeräumten Möglichkeiten zurück, d. h. sie bedient sich entweder überhaupt nicht oder nur in ungenügendem Ausmaß dieser Maßregeln, die Gelegenheit für eine differenzierte und adäquate Auswahl der Strafsanktionen bieten könnten.

Der *pönologische Aspekt.* Früher ist man zurückhaltend gegenüber einer speziellen Vorgehensweise bei der Durchführung der gesetzlichen Maßnahmen bei Verkehrssündern gewesen[37]. Die Unterbringung einiger Verurteilter in der offenen Straf- und Besserungsanstalt in *Valtura* bei *Pula* hat am Anfang nicht die erwarteten positiven Resultate gebracht, wahrscheinlich auch deswegen, weil dort meistens Rückfällige untergebracht waren[38].

[37] Auf diese Frage hat die 3. Tagung der jugosl. Vereinigung für Strafrecht und Kriminologie (Split 1963) in ihrer Resolution eine negative Antwort gegeben.

[38] Nach einigen in Kroatien vorgenommenen Analysen bilden die Verkehrssünder eine sehr heterogene Gruppe. Von 58 Untersuchten waren 55 vorbestraft (!), die Hälfte davon wegen Verkehrsdelikten. Unter den Untersuchten gibt es Leute mit verschiedenen negativen Eigenschaften wie grober Unaufmerksamkeit, Leichtsinnigkeit, Gefühlslosigkeit, u. a.

Allerdings handelte es sich um einen der ersten Versuche. Inzwischen haben wir viel bessere Resultate. Seit 1977 ist anerkannt, daß die Gefängnisstrafe in geschlossenen, halboffenen und offenen Strafvollzugsanstalten verbüßt wird (Art. 38 StGJ).

Verkehrsdelikte von Ausländern. Die immer größere Bedeutung des Verkehrs in der modernen Welt erfordert einen spezifischen internationalen Schutz seiner Sicherheit. Das bezieht sich besonders auf den Straßenverkehr. Jugoslawien ist in bedeutender Weise an den internationalen Verkehr angeschlossen. Es ist Transitland oder Reiseziel von Ausländern: Seit 1970 haben jedes Jahr über 20 Millionen Kraftfahrzeuge die Grenze Jugoslawiens überschritten. Die Verkehrsstraftaten von Ausländern machen etwa 1 % der gesamten Kriminalität und etwa 5 % der gesamten Verkehrskriminalität aus[39]. Um eine Diskriminierung der Ausländer zu vermeiden, müssen wir eine adäquate, in bestimmtem Maße spezifische Behandlung der Ausländer gewährleisten, ein wenig verschieden von der Behandlung eigener Staatsangehöriger, wobei wir allerdings darauf achten müssen, nicht ins andere Extrem zu fallen, nämlich den Ausländer über ein vernünftiges Maß hinaus zu privilegieren. Die größten Unterschiede dürften sich im Verfahren zeigen (Dringlichkeit des Verfahrens, Maßnahmen zur Sicherung der Präsenz des Beschuldigten usw.). Es ist jedoch strittig, ob im Hinblick auf Wahl, Zumessung und Vollzug von Strafsanktionen Ausländer anders behandelt werden können als Inländer. Auf Gerichtsebene bestehen die besten Möglichkeiten für die Individualisierung der Behandlung von Ausländern bei der Auswahl und Zumessung der Strafe und anderer Strafsanktionen. Hier ist ja auch der Strafzweck ein anderer. Die Gerichte verhängen über Ausländer in der Regel milde, am häufigsten

Eigenschaften, die oft erst angeregt durch den Alkohol zu voller Entfaltung kommen; vgl. *Sobotinčić*, Der Vollzug von Freiheitsstrafen bei Personen, die wegen des Deliktes der Gefährdung des öffentlichen Verkehrs verurteilt wurden, Priručnik 5 (1961), S. 495 ff.

[39] *Šeparović*, Verkehrsdelikte von Ausländern, Revue Intern. de Droit Pénal 1971, S. 313, jugosl. Referat beim AIDP Colloquium: Road Traffic Offences by Foreigners, Dubrovnik 1971. Im „General Report" *(Damaška)* stand: „A single example should suffice. In 1968 17,000 foreigners were convicted of criminal traffic offenses in West Germany. Few would be prepared to dismiss the problem as negligible in terms of volume" (S. 5); vgl. auch den deutschen Landesbericht von *Janischewski*, Die Behandlung der von Ausländern begangenen Straßenverkehrsdelikte (S. 83 ff.).

bedingte Strafen und Geldstrafen. Wird die Maßregel des Verbots der Führung eines Kraftfahrzeugs gegen eine Person mit ausländischem Führerschein angeordnet, enthält sie das Verbot der Führung eines Kraftfahrzeugs auf dem Gebiet der SFRJ für die Dauer von drei Monaten bis zu fünf Jahren. Das Gericht kann bei einer bedingten Verurteilung deren Widerruf anordnen, wenn der Täter das Verbot der Führung eines Fahrzeugs verletzt.

Aus unserer Praxis des Vorgehens gegen ausländische Verkehrssünder lassen sich folgende Problemkreise herausschälen: 1. Opportunität oder Legalität der Strafverfolgung, 2. Sicherung der Präsenz des Beschuldigten, 3. Sicherung der Schadensersatzansprüche des inländischen Bürgers und 4. internationale Rechtshilfe. Man scheint gerade im Fall von (Verkehrs-)Delikten von Ausländern die Starrheit des Legalitätsprinzips der Strafverfolgung ändern zu müssen, denn gerade hier können Opportunitätsgründe maßgebend sein, ebenso wie eine Überprüfung der Zweckmäßigkeit der Strafverfolgung vom Standpunkt staatlicher Interessen. Ein Ausweg ist nicht etwa darin zu sehen, daß bei Ausländern „durch die Finger gesehen wird“, daß ihre Strafen ungeahndet bleiben wegen zahlreichen Schwierigkeiten bei der Feststellung der Haftung, bei Urteilsfindung und Vollzug der Strafsanktionen, sondern man müßte diese Schwierigkeiten durch eine intensive internationale Rechtshilfe ausräumen, wie dies die Europäische Konvention über die Bestrafung von Verkehrsstraftaten befürwortet. Die SFRJ hat Rechtshilfe- und Auslieferungsabkommen mit einer größeren Zahl von Staaten. Wir wollen optimale Lösungen aufzeigen, die im Augenblick verwirklicht werden können und die sich in dem *Vertrag zwischen der SFRJ und der Bundesrepublik Deutschland* wiederfinden. Die Bestimmung über die Abgabe eines Verfahrens in Verkehrsangelegenheiten lautet wörtlich: „Zuwiderhandlungen gegen Straßenverkehrsvorschriften, die in dem einen Vertragsstaat begangen worden sind, werden auf Ersuchen dieses Staates in dem anderen Vertragsstaat so verfolgt, als ob sie in dessen Hoheitsgebiet begangen worden wären. Dabei sind jedoch die am Tatort geltenden Verkehrsregeln zugrunde zu legen“. Dieser Vertrag stellt, wie wir betont haben, eine Ermutigung und einen gewaltigen Ansporn zur Ausweitung der Zusammenarbeit zwischen den Staaten auf diesem empfindlichen Gebiet dar.

Im Zusammenhang mit dem Phänomen der massenhaften Zuwanderung von *Gastarbeitern* steht auch die Kriminalität von

Ausländern in der Bundesrepublik Deutschland. Soweit ersichtlich, wurden die Alkoholdelikte von Ausländern bisher jedoch nicht genauer untersucht. Nach *Schuster* stieg der prozentuale Anteil der Ausländer an der Gesamtheit der Blutproben von zunächst weniger als 1 % auf etwas über 8 % an[40]. Von den im Untersuchungsgebiet beschäftigten Gastarbeitern dürften etwa 0,5 % alkoholdelinquent geworden sein. Die Beteiligung der Ausländer an den Alkoholverkehrsdelikten beträgt im gesamten Untersuchungszeitraum etwa 5,3 %; die Beteiligung an den Alkoholkriminaldelikten beläuft sich auf fast 8 %. Eine genauere Aufschlüsselung der Nationalitäten zeigt, daß in diesem Zeitraum rund 57 % der Blutproben von Nordamerikanern entnommen wurden, aber rund 16 % der Blutproben entfielen auf Jugoslawen, rund 12 % auf Türken usw. Bei den Blutalkohol-Tatzeitkonzentrationen fällt auf, daß bei den Verkehrsdelikten in der Gruppe Ausländer die Blutalkoholkonzentration bis zu 2 % häufiger, die Blutalkoholkonzentration ab 2,1 % weniger deutlich vertreten ist als bei den deutschen Alkoholtätern. Für die Kriminaldelikte gilt Entsprechendes.

Es ist abschließend in dieser Angelegenheit angebracht hervorzuheben, daß man in Jugoslawien bei den Reformbestrebungen rechtsvergleichend gearbeitet hat. Die Lehre und Gesetzgebung der Bundesrepublik hat in vielen Fällen als Vorbild und Anregung gedient. Das hat auch unser gemeinsamer Freund, der verstorbene Professor *Zlatarić*, ausdrücklich betont. Er hat gesagt, daß man in Jugoslawien „direkt durch das erneuerte StGB der Bundesrepublik Deutschland inspiriert wurde", und dabei als Beispiel § 60 StGB genannt. Auch im Bereich der Alkoholdelinquenz hat die deutsche Literatur ein Echo in Jugoslawien gefunden. Damit ist der traditionell starke Einfluß des deutschen Rechts weitergeführt worden.

[40] *Schuster*, Die Alkohol-Delinquenz von Ausländern in Mittelhessen, Blutalkohol 1980, 151.

Probleme der Alkoholdelinquenz

Strafrechtlicher Diskussionsbericht
über das VI. Deutsch-Jugoslawische Kolloquium in Köln
(28. bis 31. Mai 1980)

Von Wiss. Ass. Karlheinz *Muscheler*, Gießen

1. Als einer der zentralen Diskussionspunkte kristallisierte sich die Frage nach dem Verhältnis von § 323 a (§ 330 a a. F.) zur actio libera in causa heraus. Dies hatte seine Ursache wohl einerseits in der Tatsache, daß das jugoslawische Recht (d. h. das Recht der einzelnen Teilrepubliken und autonomen Provinzen, da die Bundeskompetenz im Bereich des Strafrechts im wesentlichen auf den Allgemeinen Teil beschränkt ist) eine dem § 323 a des deutschen Strafgesetzbuches entsprechende Vorschrift nicht kennt, und andererseits in der besonderen (kritischen) Ausführlichkeit, mit der sich das Referat *Hirsch* der in § 323 a implizierten Problematik widmete und diese durch eine Auslegung der Vorschrift als konkretes Gefährdungsdelikt zu lösen versuchte.

Von jugoslawischer Seite *(Bavcon)* war zunächst ergänzend zu erfahren, daß das jugoslawische Strafrecht bis 1929 in seinem § 166 einen dem § 323 a ähnlichen Tatbestand gehabt hat. Allerdings sei diese Vorschrift nicht oft angewandt, schließlich zugunsten einer konsequenten Durchführung des Schuldprinzips aufgegeben und durch eine gesetzliche Regelung der actio libera in causa ersetzt worden. Aber auch die Regeln der actio libera würden in der Praxis selten und wenn, dann teilweise falsch angewendet; sie schienen für die Rechtsprechung zu kompliziert und im Einzelfall mit zu vielen Abgrenzungsschwierigkeiten verbunden zu sein. Meistens nehme man verminderte Schuldfähigkeit an und werte die Tatsache, daß der Täter betrunken gewesen sei, als strafschärfenden Gesichtspunkt. Diese Praxis sei in der Regel gar nicht schlecht, obwohl sie von der Literatur zuweilen scharf kritisiert werde, denn es komme doch einigermaßen selten vor, daß jemand im Zustand der schuldausschließenden Volltrunkenheit eine Straftat begehe. Ein Bedürfnis nach einem Tatbestand des Vollrausches gebe es in Jugoslawien daher nicht.

In einem deutschen Diskussionsbeitrag (Hilde *Kaufmann)* wurde die Ansicht vertreten, die §§ 20, 21, 323 a und die actio libera in causa seien gleichsam kommunizierende Röhren. Verenge man den Anwendungsbereich einer dieser Tatbestände, so erweitere sich automatisch ein anderer, wenn man einmal davon ausgehe, daß über die Strafwürdigkeit eines bestimmten Verhaltens grundsätzlich Übereinstimmung herrsche. Aufgrund dieses Bildes von den kommunizierenden Röhren und angesichts des Fehlens eines Vollrauschtatbestandes im jugoslawischen Recht entstand bei einigen deutschen Diskussionsteilnehmern die Vermutung, daß die actio libera in causa in Jugoslawien einen sehr viel weiteren Anwendungsbereich haben müsse als in Deutschland. Unterstützt wurde diese Vermutung durch ein ähnliches in der deutschen Literatur zu beobachtendes Phänomen: Nach der Auffassung *Maurachs* und *Cramers* z. B. sind entgegen der h. M. für die Anwendung der actio libera in causa geringere Anforderungen zu stellen, wodurch auf der anderen Seite der § 323 a entsprechend eingeschränkt wird. Einige Formulierungen im Referat *Djordjević* ließen auf deutscher Seite auch gewisse Vermutungen darüber entstehen, wie das jugoslawische Recht möglicherweise die Regeln der actio libera in causa ausdehne: es wurde gefragt, ob es im jugoslawischen Recht mehr um das normative Problem gehe, was der Täter objektiv hätte voraussehen *müssen,* als um das Problem des subjektiven Erkennen*könnens.* Letzteres sei, meinte Hilde *Kaufmann,* in Deutschland das entscheidende, den Anwendungsbereich stark begrenzende Kriterium.

Diese Annahmen konnten jedoch von den jugoslawischen Diskussionsteilnehmern nicht bestätigt werden. Im Gegenteil: es wurde betont, daß im jugoslawischen Recht die actio libera in causa eng ausgelegt und selten angewandt werde. Es gebe in diesem Zusammenhang bekanntlich drei verschiedene Systeme:

— das deutsche, das zugleich die actio libera in causa und den Tatbestand des Vollrausches kennt,

— das System, das weder actio libera noch einen dem § 323 a ähnlichen Tatbestand kennt (Schweden, UdSSR),

— das System, das nur die actio libera kennt, diese aber gesetzlich geregelt hat (nämlich das jugoslawische Recht).

Durch die gesetzliche Regelung der actio libera in causa sei aber nur insoweit eine Erweiterung eingetreten, als jetzt ausdrücklich das Sichversetzen in den Zustand der Schuldunfähigkeit auch durch andere als alkoholische Mittel erfaßt sei *(Šeparović)*.

Was insbesondere die fahrlässige actio libera in causa angehe, so müsse stets *kumulativ* geprüft werden, ob der Täter die nachfolgende Tat hätte voraussehen *müssen* und sie hätte voraussehen *können*. Das enge die Verantwortlichkeit ein. Beides beurteile sich sowohl nach subjektiven als auch nach objektiven Faktoren *(Djordjević)*.

Zur deutschen Anwendung der actio libera in causa-Regeln wurden ergänzend zwei Beobachtungen hervorgehoben: im deutschen Recht habe allein die Existenz des § 323 a StGB eine einschränkende Wirkung; die Gerichte würden sich oft lieber auf § 323 a stützen, obwohl man im konkreten Fall auch mit actio libera-Regeln hätte entscheiden können. Da es aber für diese keine besondere Norm gebe, hätten die Richter eine gewisse Scheu vor ihnen. Zum anderen müsse berücksichtigt werden, daß actio libera in causa-Fälle in der Rechtspflegestatistik nicht eigens aufgeführt würden, während das bei § 323 a der Fall sei *(Eser)*.

Zwei weitere Beiträge bemühten sich, das Bild von den kommunizierenden Röhren von gewissen möglichen Mißverständnissen freizuhalten.

§ 323 a und actio libera in causa seien nicht beliebig austauschbar. Die Problematik beider bestehe in ihrer Vereinbarkeit mit dem Schuldprinzip. Dieses Problem aber lasse sich durch eine bloße interpretative Umschichtung nicht lösen; es könne dadurch allenfalls verlagert werden *(Vogler)*. Der Begriff der actio libera in causa sei nicht beliebig manipulierbar, vielmehr müßten die allgemeinen Grundsätze der Vorsatz- und Fahrlässigkeitslehre strikt beachtet werden. Wenn das jugoslawische Recht nun die actio libera in causa sachgemäß ebenso eng auslege wie das deutsche, dann verbleibe doch eine gewisse Lücke, die eine Vorschrift nach Art des deutschen Vollrauschtatbestandes erforderlich mache. Allerdings sei § 323 a in der weiten Fassung, die er bisher habe und in der er von der h. M. ohne nennenswerte Einschränkung praktiziert werde, kaum zur Übernahme zu empfehlen. Sein legitimer Anwendungsbereich könne nur dadurch abgegrenzt werden, daß man von einem konkreten Gefährdungsdelikt ausgehe *(Hirsch)*.

2. In einem weiteren Beitrag wurde das allgemeine Problem der Bedeutung der Trunkenheit für die Strafzumessung thematisiert *(Vogler)*. Das Strafrecht bringe sich selbst um seine präven-

tiven Möglichkeiten, wenn der Eindruck entstehen sollte, daß Trunkenheit zwangsläufig bei der Strafzumessung als mildernder Umstand berücksichtigt werde. Demgegenüber sei vielmehr zu betonen, daß Trunkenheit als Strafzumessungstatsache ambivalenten Charakter habe: sie könne sich auch durchaus strafschärfend auswirken, so vor allem, wenn das Sichberauschen selbst verschuldet sei und wenn die spätere Tat hätte vorausgesehen werden können. Auch wenn man den Gedanken der actio libera in causa nicht anwenden könne, weil der Täter voll schuldfähig gewesen sei, müsse der dahinterstehende Gedanke doch bei der Strafzumessung in Erwägung gezogen werden. Zu erinnern sei in diesem Zusammenhang an § 7 des Wehrstrafgesetzes, wonach selbstverschuldete Trunkenheit nicht zu einer Milderung der angedrohten Strafe führe, wenn die Tat eine militärische Straftat sei, gegen das Kriegsvölkerrecht verstoße oder in Ausübung des Dienstes begangen werde. Auch im Bereich des allgemeinen Strafrechts müsse das dahinter stehende Prinzip als (lediglich im Einzelfall umkehrbare) Regel gelten. Nur so bleibe die präventive Funktion des Strafrechts im Bereich der Alkoholdelinquenz gewahrt.

Ergänzend wurde zu § 7 Wehrstrafgesetz vorgetragen, daß diese Vorschrift, im Gegensatz etwa zu den in der Literatur teilweise anzutreffenden Ausführungen zum Problem selbstverschuldeter hochgradiger Affekte, nicht auf einen Verzicht auf das Tatzeitpunkterfordernis bei der Feststellung der Schuldfähigkeit des Täters hinauslaufe. Damit § 7 überhaupt angewendet werden könne, müsse jedenfalls volle oder verminderte Schuldfähigkeit zum Tatzeitpunkt vorliegen. Infolgedessen wäre durch § 7 nur gesetzlich zwingend angeordnet, was in der Strafzumessungspraxis ohnehin zulässig sei, nämlich die zusätzliche Berücksichtigung eines vor der schuldhaften Tat liegenden schuldhaften Sichberauschens *(Hirsch)*.

3. Verschiedentlich griff man in der Diskussion auch die Frage auf, welche Rolle das Strafrecht hinsichtlich des präventiven Schutzes vor den Gefahren des Alkohols spielen kann. Initiiert wurde diese Erörterung durch die im Referat *Hirsch* zum Ausdruck gekommene Skepsis gegenüber der gegenwärtigen Rechtslage im Bereich des Schutzes der Jugend vor den schädlichen Auswirkungen des Alkoholkonsums. Die §§ 3, 14 des Gesetzes zum Schutze der Jugend in der Öffentlichkeit, denen zufolge eine Ordnungswidrigkeit begeht, wer Kindern oder Jugendlichen in Gast-

stätten und Verkaufsstellen Branntwein abgibt oder dessen Genuß gestattet oder demselben Personenkreis sonstige alkoholische Getränke zum eigenen Genuß abgibt, böten in der tatsächlich festzustellenden Praxis nur einen ungenügenden Schutz, da es zum einen durch die Fassung des Tatbestandes Beweisschwierigkeiten gebe („zum eigenen Genuß") und da zum anderen die Einhaltung dieser Vorschriften durch die zuständigen Ordnungsbehörden praktisch kaum überwacht werde. Angesichts der seit längerem erkannten Zusammenhänge zwischen Alkoholkonsum und Jugendkriminalität sei eine schärfere Fassung der einschlägigen Vorschriften, eine strikte Einhaltungskontrolle und möglicherweise eine Transformierung ins Strafgesetzbuch angezeigt.

Interessanterweise hat das jugoslawische Recht diesen letzten Schritt in konsequenter Weise bereits vollzogen. Der Ausschank von alkoholischen Getränken an Minderjährige, die ihr 16. Lebensjahr noch nicht vollendet haben, sei nach allen Strafgesetzen der Teilrepubliken und autonomen Provinzen als echter Straftatbestand vorgesehen. Dabei sei der entsprechende Tatbestand bereits vollendet, wenn alkoholische Getränke ausgeschenkt würden; auf den tatsächlichen Konsum sowie auf die Tatsache, ob der Minderjährige z. Zt. des Ausschanks bereits unter Alkoholeinfluß stand oder nicht, komme es dabei nicht an (vgl. Referat *Djordjević*).

Umstritten blieb in der Diskussion die ebenfalls in den hier dargestellten Zusammenhang gehörende Frage, welche Auswirkungen von einem Verbot oder zumindest einer Einschränkung der Alkoholwerbung zu erwarten wären. In der Bundesrepublik sei z. B. seit etwa 4 Jahren die öffentliche Werbung für Zigaretten eingeschränkt worden; im Rundfunk dürfe überhaupt nicht mehr für Zigaretten geworben werden, und auf Werbebildern dürften nur Personen, die älter als 25 Jahre seien, auftreten. Man habe jedoch bisher nicht feststellen können, daß die Einschränkung der Zigarettenwerbung zu einer Reduzierung des Konsums geführt habe, und es stehe daher zu vermuten, daß das auch beim Alkohol nicht anders sein werde *(Oehler)*.

Demgegenüber wurde zu bedenken gegeben, daß sich in den letzten Jahren in Jugoslawien der Umfang des Alkoholkonsums erhöht habe, nicht aber der des Zigarettenkonsums, wobei es hinsichtlich der Werbung für letzteren ähnliche Beschränkungen wie in Deutschland gebe. Möglicherweise könne daher die Einschränkung der Werbung doch gewisse positive Konsequenzen nach sich ziehen *(Blagojević)*. Einem weiteren jugoslawischen Beitrag war zu entnehmen, daß es für hochprozentige Getränke bereits ein Verbot zumindest der Fernsehwerbung gebe. Die Hersteller der entsprechenden Artikel hätten das Verbot begrüßt, denn sinnigerweise seien allein die Reklamekosten, nicht aber die Verkaufsziffern zurückgegangen *(Djordjević)*.

Als weiteres Beispiel dafür, wie der Gesetzgeber präventive Alkoholbekämpfung versuche, wurde das jugoslawische Gesetz über Arbeitssicherheit angeführt, demzufolge es verboten ist, am Arbeitsplatz Alkohol auszuschenken. Es handele sich hierbei jedoch um eine typische lex imperfecta, da zur Ahndung eines Verstoßes keinerlei Sanktionen vorgesehen seien. Dennoch müsse die Entwicklung zu solchen präventiven Verboten insgesamt als positiv angesehen werden* *(Šeparović)*.

4. Von jugoslawischer Seite *(Aleksić)* wurde die Frage aufgeworfen, ob § 81 a dt. StPO, demzufolge eine Alkoholprobe auch ohne Einwilligung des Betroffenen durchgeführt werden kann, sich nur auf die Blutprobe oder auch auf andere Fälle beziehe. In Jugoslawien verbiete die Strafprozeßordnung medizinische Eingriffe, mit denen man auf den Willen des Beschuldigten Einfluß nehmen könne; dabei habe der Gesetzgeber vor allem an die Narkoanalyse gedacht; in der Praxis stelle sich nun in gewissen Fällen die Frage, ob die Blutprobe nicht auch eine gewisse Art von Narkoanalyse darstelle. Der Psychiater könne nämlich auch einen künstlichen Rausch herbeiführen, um die individuell auftretenden Folgen zu prüfen; das müsse aber als unzulässig gelten; denn wenn jemand in einen künstlichen Rauschzustand versetzt werde, könne man nicht wissen, ob er nur in bezug auf seine Alkoholtoleranz geprüft werde oder ob er auch über die angeblich von ihm begangene Straftat etwas aussagen solle. Die Probe müsse zudem in einem Krankenhaus durchgeführt werden, das aber sei keine gewöhnliche und daher auch keine geeignete Um-

* Nach §§ 31, 58 des deutschen Jugendarbeitsschutzgesetzes begeht übrigens eine Ordnungswidrigkeit, wer als Arbeitgeber einem bei ihm beschäftigten Jugendlichen unter 16 Jahren alkoholische Getränke oder einem Jugendlichen über 16 Jahren Branntwein gibt. Ein solches Verhalten des Arbeitgebers wird nach § 58 Abs. 5 desselben Gesetzes zur Straftat, wenn der Jugendliche dadurch in seiner Gesundheit oder seiner Arbeitskraft gefährdet wird. Die Kontrolle dieser Vorschriften dürfte jedoch kaum intensiver sein als beim Jugendschutzgesetz.

gebung, um die Wirkung des Alkohols feststellen zu können; außerdem bestehe die Gefahr von Gesundheitsschädigungen. Der Arzt könne bei künstlichen Alkoholproben zum Untersuchungsrichter im weißen Kittel werden; das müsse verhindert werden.

Zur Auslegung des § 81 a StPO aus deutscher Sicht bemerkte *Hirsch,* daß es hier vor allem um die klassische Blutprobe gehe. Dies sei in der Tat ein juristisch besonders interessantes Problem, weil die Güterabwägung, die der Gesetzgeber hier vorgenommen habe, ausnahmsweise dahingehe, daß ein Eingriff in die Körperintegrität zugelassen werde. Es handele sich hierbei um ein sicher ganz objektives Verfahren, so daß Gefahren einer ärztlichen Einflußnahme bei dieser Regelung nicht drohten. Im Gegensatz zur Blutprobe könne der sogen. Alcotest allerdings nur freiwillig vorgenommen werden. Der Gedanke, der dahinter stehe, sei, daß § 81 a nur eine Duldungspflicht des Beschuldigten festlegen wolle. Beim Alcotest würde es sich dagegen um eine aktive Mitwirkung handeln. Diese aber könne keinesfalls erzwungen werden. Aus diesem Grund müsse aber auch bei nachträglichen Alkoholverträglichkeitstests mit künstlicher Berauschung (die i. d. R. in psychiatrischen Kliniken vorgenommen werden) ebenso entschieden werden, da auch hier aktives Mitwirken des Beschuldigten erforderlich sei.

Bemerkenswerterweise war aber zu hören *(Schewe),* daß Trinkexperimente in psychiatrischen Kliniken von den Beschuldigten oft geradezu gefordert würden. Dabei wolle man häufig nachweisen, daß eine strafrechtlich relevante Alkoholintoleranz vorliege oder aber, daß trotz eines bestimmten Promillegrades die Fahrtüchtigkeit nicht beeinträchtigt sei. Die von jugoslawischer Seite (s. o.) vorgetragenen Bedenken seien aber gleichwohl, und zwar aus medizinischer Sicht, aufrechtzuerhalten. Durch solche Experimente würden keine sachlich begründeten Feststellungen gewonnen. Wer Alkoholintoleranz behaupte, könne ohne größere Schwierigkeiten nach geringem Alkoholgenuß den Betrunkenen „spielen", und andererseits könne die nachträgliche „Darstellung" eines Nüchternen nichts über den effektiven Zustand zur Zeit der Tat aussagen.

Šeparović betonte, daß es zwischen deutschem und jugoslawischem Recht einen wichtigen Unterschied gebe, was die zwangsweise Blutentnahme angeht. Nur beim Verdacht einer Straftat, bei der es zu Toten, Verletzten oder erheblichen Sachschäden gekommen sei, dürfe beim Fahrer oder bei unmittelbar am Verkehrsunfall beteiligten Personen eine zwangsweise Blutentnahme angeordnet werden; der bloße Verdacht einer Ordnungswidrigkeit reiche dazu nicht aus. Bei einer Teilnahme am Verkehr unter unzulässigem Alkoholeinfluß, einer bloßen Ordnungswidrigkeit also, könne die zuständige Polizeibehörde eine Alkoholprobe lediglich verlangen, nicht aber gegen den Willen des Beschuldigten mit Gewalt erzwingen. Die Weigerung, sich ärztlich untersuchen zu lassen, helfe dem Täter in diesen Fällen aber nicht viel, da die Vereitelung der Blutprobe nach Art. 192 und 203 des Straßenverkehrsgesetzes ebenso als Ordnungswidrigkeit geahndet werde wie das Fahren unter unzulässigem Alkoholeinfluß selbst. Es müsse aber betont werden, daß auch die verdächtigten Verkehrsteilnehmer selbst eine Blutprobe verlangen könnten und dies in der Praxis auch nicht selten täten. Falle die Untersuchung negativ aus, brauchten diese die Kosten nicht selber zu bezahlen und erlitten sie dabei irgendwelche Verletzungen, so hätten sie einen Anspruch auf Ersatz des vollen Schadens.

5. Im weiteren Verlauf der Diskussion kam *Aleksić* auf das Problem des Nachtrunks zu sprechen. In Jugoslawien sei lange Zeit das sogen. *„Kognak-Alibi"* beliebt gewesen. Autofahrer würden Kognakflaschen mit sich führen und bei einer nach einem Unfall durchgeführten Alkoholuntersuchung die Behauptung vortragen, sie hätten infolge einer gewissen Aufregung aus der Flasche getrunken, während sie auf die Untersuchungskommission warten mußten. In der Bundesrepublik Deutschland seien bekanntlich Untersuchungen durchgeführt worden, um zu prüfen, wie lange und wie intensiv der Geruch aus einer vollkommen oder teilweise leer getrunkenen Flasche noch festgestellt werden könne. Er selber habe ein ähnliches Experiment in Jugoslawien versucht. Zwar seien solche und ähnliche Untersuchungen immer durch einen gewissen, nicht eliminierbaren subjektiven Faktor beeinflußt; es habe sich aber gezeigt, daß Getränke mit starkem Aroma durch längere Geruchsverflüchtigungszeiträume gekennzeichnet seien. Da die beschuldigten Kraftfahrer aber i. d. R. Flaschen mit Metallverschluß bevorzugten und diese nach dem Alkoholgenuß wieder verschlössen, habe man die Methode des „Kognak-Alibis" auf die Dauer nicht gänzlich beseitigen können.

Daß das Problem der Nachtrunkbehauptung nicht eine spezifisch jugoslawische Eigenheit ist, ging aus einem Beitrag *Schewes* hervor. In Deutschland komme noch eine besondere Frage dazu.

Die Haftpflichtversicherungen nähmen nämlich bei Kraftfahrern, die die Zeit des Wartens auf die Blutuntersuchung mit einem Nachtrunk überbrückten, Regreß, da diese den Versicherungsvertrag verletzten. Deshalb komme es vor, daß die Gerichte von den Versicherungen die Akten anforderten, um zu verhindern, daß die Beschuldigten vor Gericht das Nachtrunkalibi vorbrächten, vor ihrer Versicherung dies aber, wohl wissend um die zu erwartenden Konsequenzen, unterließen. In Anbetracht dieser Zusammenhänge seien die Versicherungen inzwischen dazu übergegangen, die Ausdehnung der Schweigepflicht auch auf diesen Tatbestand zu verlangen, was, sollte dies anerkannt werden, die Verhinderung derartiger Schutzbehauptungen nicht gerade erleichtern würde. Was nun die sachliche Tragweite des Nachtrunk-Alibis angehe, so könne es in gewissen Fällen durchaus stichhaltig widerlegt werden. Statt bloß einer müsse man eben nach dem Unfall in einem zeitlichen Abstand von ungefähr einer halben Stunde zwei verschiedene Blutproben durchführen. Wenn jemand kurz nach einem Unfall größere Mengen Alkohol getrunken habe, dann müsse der zweite Entnahmewert größer sein, da die resorptive Phase im Vergleich zu den normalen Fällen entsprechend hinausgeschoben werde. Erweise er sich aber als geringer, dann könne der Beschuldigte kurz vor der ersten Blutprobe keineswegs viel getrunken haben.

6. Es wurde weiter die Frage gestellt, ob das deutsche Verkehrsstrafrecht mit den mannigfachen Modifikationen, die es im Laufe der Zeit erfahren habe, zu einer Stabilisierung der Verkehrsdisziplin beigetragen habe *(Jescheck)*.

Aus einer ausführlichen Antwort darauf *(Janiszewski)* war zu erfahren, daß es in dieser Allgemeinheit, in der die Frage gestellt worden sei, kein statistisches Material gebe. Man dürfe sich dabei keineswegs ausschließlich an den öffentlichen Erklärungen besonders interessierter Kreise orientieren. Vielmehr habe man verschiedene statistische Einzelwerte in einen Gesamtbezug zueinander zu stellen. Es sei in diesem Zusammenhang zunächst zu differenzieren zwischen Straftaten ohne Alkoholeinfluß und solchen, die unter Alkoholeinfluß begangen würden. Was z. B. die fahrlässige Körperverletzung im Straßenverkehr angehe, so seien 1966 10 565 Fälle, 1976 11 959 Fälle in Trunkenheit, 1966 93 902 und 1976 66 381 ohne Trunkenheit begangen worden, so daß also in der ersten Gruppe eine Zunahme, in der zweiten dagegen eine deutliche Abnahme festzustellen sei. Dagegen habe insgesamt bei

Unfällen mit Todes- oder Verletzungsfolgen der prozentuale Einfluß der Ursache Alkohol abgenommen. Interessant sei dabei, daß die Unfallursache Alkohol dann zurückgegangen sei, wenn der Gesetzgeber neue Vorschriften erlassen habe. Doch sei die stabilisierende Wirkung nicht allein darauf zurückzuführen, sei es doch stets auch und vor allem darauf angekommen, wie die entsprechenden Maßnahmen in der Öffentlichkeit bekanntgemacht wurden. Was die Gesamtunfallstatistik angehe, so bewege sie sich relativ konstant um die 1,5 Millionen-Grenze. Setze man sämtliche Zahlen zueinander ins Verhältnis und berücksichtige man, daß die Zahl der zugelassenen Kfz- und der Führerscheininhaber ständig zugenommen habe, daß ferner im Schnitt die Zahl der Verurteilungen wegen Verkehrsvergehen gleich bleibe, und daß die Zahl der Getöteten seit Jahren abnehme, so komme man zu einem günstigen Gesamteindruck. Das Strafrecht sei, wenn schon kein Allheilmittel, so doch ein wichtiger Beitrag zur Erhaltung der Verkehrsdisziplin. Es bedürfe aber stets wirksamer Begleitmittel wie Aufklärung, Erziehung und Überwachung.

7. Ein vorläufiges rechtsvergleichendes Fazit für den Bereich der Straßenverkehrsalkoholdelinquenz wurde von *Hirsch* versucht. Es falle zunächst auf, daß die jugoslawischen Parallelbestimmungen zu den §§ 315 c und 316 StGB an engere Voraussetzungen geknüpft seien. Art. 163 des kroatischen StGB* sehe im Unterschied zu § 315 c eine objektive Bedingung der Strafbarkeit als zusätzliches Erfordernis vor. Art. 164 desselben Strafgesetzbuches**, der dem deutschen § 316 entspreche, sei im Gegensatz zu letzterem ein *konkretes* Gefährdungsdelikt; darüber hinaus sei

* Art. 163 I StGB: „Ein Verkehrsteilnehmer, der auf Straßen den Vorschriften zuwiderhandelt und dadurch den öffentlichen Verkehr so beeinträchtigt, daß er eine Gefahr für Leben oder Leib eines Menschen oder für Vermögen in größerem Umfang herbeiführt, wird, wenn es dadurch zu einer leichten Körperverletzung oder zu einem Sachschaden im Wert von mehr als 10 000 Dinar kommt, mit Gefängnisstrafe bis zu drei Jahren bestraft." (Ähnliche Vorschriften auch in allen anderen Teilrepubliken).

** Art. 164 I StGB: „Wer ein Motorfahrzeug unter dem Einfluß von Alkohol oder anderer berauschender Mittel führt und infolgedessen offensichtlich fahruntüchtig ist, das Fahrzeug sicher zu führen, wird, wenn er dadurch den öffentlichen Verkehr auf Straßen so gefährdet, daß er eine Gefahr für Leben oder Leib oder Vermögen in größerem Umfang herbeiführt, mit Gefängnis bis zu drei Jahren bestraft." (Ähnliche Vorschriften auch in den anderen Teilrepubliken mit Ausnahme Sloweniens).

der Art. 164 auch insoweit an strengere Tatbestandsvoraussetzungen geknüpft, als er „offensichtliche“ Fahruntüchtigkeit verlange. Dagegen gehe das jugoslawische Recht weiter, was den zum deutschen § 24 a StVG parallelen Ordnungswidrigkeitentatbestand angehe, weil es hier bereits bei der 0,5 ‰-Grenze ansetze. In der deutschen Praxis sehe es so aus, daß § 316 die statistisch am häufigsten einschlägige Norm sei; die Verurteilungen aufgrund dieses Deliktes seien etwa doppelt so hoch wie die Anwendungsfälle des § 24 a StVG. Es sei nun die Frage interessant, ob in der jugoslawischen Praxis der Hauptakzent eher auf den Ordnungswidrigkeiten liege, und zwar hauptsächlich wegen der engeren Fassung der übrigen Tatbestände, und ob dieser Zusammenhang möglicherweise zur Folge habe, daß bei der einschlägigen Ordnungswidrigkeit auch Haftstrafen verhängt würden.

Auf diese Frage wurde von jugoslawischer Seite folgendes geantwortet *(Šeparović)*: Bei Fahren unter Alkoholeinfluß gebe es in der jugoslawischen Praxis zwei Möglichkeiten: die Gefahr, daß man vor ein Gericht komme, bestehe nur bei Unfällen mit Personen- oder Sachschaden; in allen anderen Fällen dagegen komme der Beschuldigte vor den Richter für Ordnungswidrigkeiten. In diesem Verfahren würden dann, falls entsprechender Anlaß dazu bestehe, auch die möglicherweise einschlägigen abstrakten und konkreten Gefährdungstatbestände untersucht. Insgesamt aber könne gesagt werden, daß das Schwergewicht der Verurteilungen in der Tat im Bereich der Ordnungswidrigkeiten und weniger im Bereich der echten Straftatbestände liege. Nur bei schwerwiegenden Unfällen sei das anders. Art. 163 des kroatischen StGB, der als objektive Bedingung der Strafbarkeit eine Körperverletzung oder einen erheblichen Sachschaden voraussetze, bestätige dieses Ergebnis natürlich erst recht. Bei der Ordnungswidrigkeit des Überschreitens der 0,5 ‰-Grenze habe der Täter in der Regel mit wenigstens auf drei Monate erstrecktem Entzug des Führerscheins und mit Geldstrafe zu rechnen. Alles in allem, so könne gesagt werden, liege das Schwergewicht bei der Sanktionierung der Alkoholdelinquenz im Straßenverkehr weniger im Bereich des Strafrechts als in dem des Ordnungswidrigkeitenrechts.

Noch deutlicher wurde das für das slowenische Recht, das eine dem Art. 164 des kroatischen StGB entsprechende Vorschrift nicht kennt. Für das Fehlen einer solchen Vorschrift wurden mehrere Gründe angeführt *(Bavcon)*. Zum einen werde hier die entsprechende Tat bereits als Übertretung geahndet, und zwar mit relativ hoher Strafe; und zweitens sei das Fahren in alkoholisiertem und offensichtlich fahruntüchtigem Zustand nur eine unter vielen denkbaren Formen der Verkehrsgefährdung, die man nicht als isolierten Tatbestand ausgestalten sollte. Vielmehr solle das Gericht im Einzelfall feststellen, welche konkrete Verkehrsgefährdung vorliege (z. B. zu schnelles Fahren, verbotenes Überholen etc.).

FSC
www.fsc.org
MIX
Papier | Fördert
gute Waldnutzung
FSC® C083411

Kolibri 360 GmbH
Ferdinand-Jühlke-Straße 7
99095 Erfurt, Deutschland
produktsicherheit@kolibri360.de